LE TRAVAIL CHEZ NOUS

Quel modèle pour l'avenir de l'Afrique noire ?

©
Image de couverture

Roger-Marie ATTA-BERNAERT

LE TRAVAIL CHEZ NOUS

Quel modèle pour l'avenir de l'Afrique noire ?

©   Éditions **AUTANT ÉCRIRE**, 2024
17 Route du Mons 38 200 Serpaize, France

ISBN : 978-2-487429-01-7
EAN : 9782487429017

Remerciement

De tout cœur, J'exprime ici ma gratitude et ma reconnaissance à mon cher évêque, son Excellence, Monseigneur Bruno KOUAME qui m'a imposé les mains pour que je devienne prêtre de Jésus-Christ ; qui m'a fait l'honneur de m'envoyer aux études ensuite. Je lui dédie cette œuvre quoi que très modeste.
Un merci également à Messeigneurs Jean-Jacques KOFFI et Boniface ZIRI qui lui ont respectivement succédé au siège épiscopal du diocèse d'Abengourou.

A vous mes amis et connaissances, à tous mes confrères et collègues formateurs, aux étudiants du Grand Séminaire de Guessihio, je ne vous oublie pas.

Qu'il me soit aussi permis de remercier la mémoire de mes parents qui m'ont donné la vie, et mes parents adoptifs, la famille EDI Marcel d'Anêguié (Agboville) qui, non seulement a élevé cet orphelin de père et de mère, mais l'a scolarisé avec amour. Je n'oublie pas mes formateurs et toutes les âmes généreuses qui m'ont aidé dans mon cursus scolaire et universitaire. J'adresse à tous et à chacun mes sentiments de reconnaissance et de gratitude. Que Dieu seul soit votre récompense !

Ma particulière reconnaissance s'adresse enfin à Monsieur Daniel VIGNE qui fut le Doyen de la Faculté de Théologie de l'Institut Catholique de Toulouse et mon Directeur de Thèse ; je salue enfin la mémoire du Rév. Père Alphonse Quenum, membre de mon Jury en cette année 2008.

Préface

Nous sommes loin, ici, de la manifestation d'une invalidité collective. Tel que formulé, à travers le titre de l'ouvrage *« Le travail chez nous : Quel modèle pour l'avenir de l'Afrique noire ? »*, le père Docteur Roger-Marie ATTA-BERNAERT ne résiste nullement pas, à analyser la nature du travail en particulier, le modèle pour l'avenir de l'Afrique noire. Elle prend inlassablement l'aspect d'un déséquilibre sociétal et déshumanisant. Tout l'intérêt pour l'auteur de consacrer une réflexion à la vision du travail et à son avenir induit par la relativité observée, ainsi que les théories du chaos mises en évidence de part et d'autre, vise à proposer sans prétention, une nouvelle identité du travail pour un monde nouveau à partir de la théologie du travail.

Ce nouvel dispositif du *« Djouman*[1] *»*, est un appel à réviser la méthode du travail. L'Afrique doit se convaincre dit l'auteur. Cette réforme, s'opère dans les considérations diverses et variées, culturelles, idéologiques, sociétales, etc. Ces variantes, sont un lieu d'interrogation éthique, à partir desquels, le père Docteur Roger-Marie ATTA-BERNAERT tente d'exposer

---

[1] M. SERRES, *Rameaux*, Paris, éd. Le Pommier, 2004, p. 111.

historiquement d'une part le travail chez nous, en particulier en Côte d'Ivoire ; en Afrique en général et d'autre part, les réflexions scientifiques objectivement argumentées ainsi que les méditations profondes qu'elles suscitent. Le concept de « travail » est piégé dans son assertion. Malgré les catégorisations objectivistes ou subjectivistes, l'auteur suggère que le travail participe à l'épanouissement et à l'accomplissement de l'être humain dans le respect de la dignité de tous.

Continûment, nous voyons que le présent de la condition du travail touche bien plus vivement le père Docteur Roger-Marie ATTA-BERNAERT, au point qu'il questionne l'avenir, du modèle de l'Afrique noire. Dès lors, il structure l'ouvrage sous trois thèmes respectifs, d'abord le *Blofoué Djouman* dans l'histoire du travail ivoirien, ensuite la devise de l'État naissant : union-discipline-travail, et enfin la question de revaloriser le travail en Afrique noire.

À bien penser, consacrer une réflexion à l'avenir du travail en Afrique noire, c'est questionner les conditions de travail et le rapport de l'africain au travail. Quelle est donc la place du travail et sa moralité chez nous ? Quelle est la mémoire historique du travail par rapport à aujourd'hui ?

La pertinence bibliographie illustre, et situe la mémoire historique. Une réflexion de la théologique du travail trouve ainsi bon accueil. Il est scientifiquement très bien constitué, avec des argumentaires adéquats visant à consolider la quintessence de la question abordée dans cet ouvrage.

Préfacer cet ouvrage que je vous recommande, est un honneur et une reconnaissance au père Docteur Roger-Marie ATTA-BERNAERT, mon ancien professeur. Car me semble-t-il, une question pertinente et actuelle est abordée.

Préface de **Wilfried Y. Battah,**
Écrivain-philosophe
Conseiller Éditorial & Directeur
général des Éditions Autant
Écrire, Responsable Formations
et Stages au Centre d'Expertise
Littéraire et Philosophique
(CELIPH)

Avant-propos

Ce travail, vaste en son projet, mais somme toute modeste en son exécution, a été réalisé en essayant d'avoir un contact direct avec ses champs d'action : politique, économique, socioculturelle et religieuse.

Le lecteur doit être averti des limites de cette recherche. Tout d'abord dans les questions touchant l'économie, la politique, la justice sociale, etc. : ce n'est pas par manque d'intérêt. Notre recherche nous oriente plutôt vers le travail, plus précisément le sens de celui-ci et comment l'intégrer dans la mentalité des Ivoiriens et des Africains en vue du « développement pour tous et pour un monde nouveau ». Ensuite une deuxième limite se vérifie au niveau des lois du marché mondial : le commerce international et le commerce équitable.

Au-delà de ces limites, la réflexion soutenue dans ces pages tente de proposer quelques repères en vue d'une théologie du travail pour un monde nouveau. Il est né d'un constat : beaucoup de chrétiens sont actuellement désarmés par les mutations profondes au niveau du marché de travail :

impuissants face aux conditions mondiales de l'économie,

impuissants face aux lois sociales de nos pays à « vie anarchique », impuissants face à ce qui limite ou bloque les pays africains dans l'éventail de leurs activités,

impuissants à humaniser le travail dans les pays pauvres.

Parler comme croyants, c'est difficile, car nous devons être réalistes, et pourtant… Parler comme croyants, c'est positif, dans la mesure où l'amour vient inspirer nos visions sociales et où l'espérance vient redonner de la valeur à nos rêves et à nos projets en Afrique. Parler comme croyants, c'est enfin pouvoir espérer un avenir meilleur. Car, dans la prière du Notre Père, nous répétons sans cesse: « Que ton règne vienne ! » et nous reconnaissons par notre attitude confiante que la paix, la justice, la chance et de bonnes conditions de vie devraient être le lot de chacun sur notre terre et non pas seulement dans l'au-delà.

A nous tous de nous engager pour une société qui permette à chacun de vivre dans la dignité, qu'il soit fort ou faible, en bonne santé ou malade, avec ou sans emploi rémunéré. A nous tous de nous engager dans une société qui accorde les mêmes droits à tous, hommes, femmes et enfants, quelle que soit leur nationalité ou leur religion. A nous tous de vivre de la bonté de Dieu et de continuer à faire en sorte que personne ne puisse être appelé « dernier », d'empêcher que la pauvreté organisée ne devienne pas « la chose la plus commune ».

A l'ultime extrémité de cette longue course de l'Afrique vers le développement, s'ouvre ici et aujourd'hui, à nouveau, le carrefour entre la mort de ses échecs et l'immortalité de ses espérances. D'un côté, ses propres œuvres, doublées de concurrences et de compassion, de richesses et de misères, à risques globaux, …. De l'autre et de nouveau, la reprise et la nouveauté de son propre « Djouman» : alors ce sera la résurrection de l'Afrique. « *A quand l'Afrique* ? », écrit Ki-Zerbo !

Le jour viendra enfin où le monde comprendra que l'Afrique n'a eu de mort qu'organisée, désirée, décidée, fêtée, répétée par des plans préétablis. Ce jour éclatera, en son vrai sens et par les œuvres de l'Afrique ce qu'elle nomme en espérance de vie… le lendemain de ce jour, l'Afrique fleurira. Elle aura la lourde charge d'apprendre comment habiter le nouveau monde que ses propres travaux projettent aujourd'hui avec la redécouverte du « Djouman » chez les Agny de Côte d'Ivoire[2].

---

[2] Idées empruntées chez Michel SERRES, *Rameaux*, Paris, éd. Le Pommier, 2004, p. 111.

Introduction

Beaucoup de débats, de recherches et de propositions se succèdent pour tenter de sortir l'Afrique de sa crise. Crise humanitaire, crise politique, crise économique, crise sociale et même parfois psychique ou psychologique. Pour nous, nous pensons qu'il n'y a qu'une seule crise, la racine qui a germé et donné toutes les crises ramifiées : c'est la crise de la compréhension et du sens du travail. L'homme par définition est un être (animal) debout. Dès lors qu'il se sent inutile, impuissant, détrôné, il fait du bruit en créant du désordre pour se faire entendre, pour se donner un droit d'existence.

L'Afrique est à cette étape de nos jours. Elle est ridiculisée, désavouée ; elle n'est plus écoutée par quiconque. Elle court à tout vent, acceptant et exécutant la première proposition reçue d'un tiers ; souvent, malheureusement, ce ne sont que des suggestions à l'avantage du plus fort. Chaque fois, elle se fait piéger et se détruit davantage.

Si l'Afrique se raisonne et fait machine arrière pour retrouver son sens à la vie, sa position culturelle, humaine et morale ; si l'Afrique retrouve son sens du travail bien fait, elle le comprendra mieux et pourra refaire surface au niveau international.

C'est dans cet esprit que nous osons proposer le « Djouman » chez les Agny de Côte d'Ivoire pour l'aider à renouer avec le travail vrai et humain, nécessaire à tout bon développement. Il ne s'agit pas de se laisser tirer et courir sans arrêt derrière les plus forts ; il s'agit de marcher à pas sûrs et à son rythme, sachant mettre ses pieds aux bons endroits. Telles sont les idées que propose en méditation profonde et en réflexion scientifique objectivement mûrie les pages suivantes.

Nous développons ce thème en trois points :
I- Le Blofoué Djouman dans l'histoire du travail ivoirien
II- La Devise de l'État naissant : Union-Discipline-Travail
III- La Question de revaloriser le travail en Afrique noire

1 Le Blofoué Djouman dans l'histoire du travail ivoirien

L'histoire du travail en Côte d'Ivoire d'avant la colonisation est une histoire qui ressemble à celle des autres pays de la sous-région (Afrique occidentale). Pour certains, le travail se transmet par le système patriarcal, pour d'autres par le matriarcat. Dans les deux systèmes, l'héritage du travail se transmettait tout de même.

En ce qui concerne sa structure, le travail en Côte d'Ivoire a une histoire élastique et non homogène selon les régions du pays. Du commerce à la culture de la terre, se dessine toute la vie de l'Ivoirien à l'époque précoloniale. L'économie prendra un nouveau sens au temps colonial avec le nouveau type de travail : le « *Blofoué Djouman* ». Ce sera le point de départ d'une ''déviation'' économique et politique dès les premières heures de l'indépendance.

1.1 Aperçu historique de la civilisation traditionnelle du travail chez les Agny

Au Xe siècle, le commerce transsaharien atteint le nord de la Côte d'Ivoire et entraîne, vers le XIIIe siècle, les premières migrations de populations des savanes à s'établir à la lisière de la forêt, dans une région productrice d'or et de noix de cola : ce sera la future Côte d'Ivoire[3]. A la même époque, il s'est produit la grande migration des peuples Akan, venus de l'actuel Ghana. Les Baoulés et les Agny, groupe proche de celui des Ashanti, s'établissent dans le centre et l'est du pays. Ils sont porteurs d'une conception du pouvoir très éloignée de celle qui prévaut chez les peuples de la forêt[4]: l'autorité y est détenue par les anciens et le pouvoir y est davantage éclaté tandis que les royaumes Akan sont extrêmement centralisés, le roi détenant une autorité sacrée et absolue.

À cette époque, tout était à tous. Quand on est dans le besoin, il suffit de le faire sentir. C'était le temps du travail de subsistance. On ne cultivait que pour la consommation locale. Si besoin il y a, on venait en aide au faible et au malade. Cette belle époque a fait place à une autre où le don gratuit existait toujours, mais les « échanges » prenaient une part plus grande : le temps du troc. On pouvait ainsi échanger des légumes avec une céréale selon les besoins des uns et l'abondance des autres. Des

---

[3] Au XVe siècle, les explorateurs portugais parviennent jusqu'à la côte de l'Afrique occidentale à partir de laquelle ils organisent la traite négrière et le commerce de l'ivoire. De cette période datent les différentes appellations données au pays par les Européens, lesquelles varient en fonction de l'accueil que les populations leur réservent et des produits qu'ils troquent avec celles-ci : Côte des males gens, Côte des graines et de la malaguette (nom donné au poivre de Guinée), Côte des dents, Côte du morphil (ivoire), Côte d'ivoire.

[4] Il s'agit ici des DAN et des KROU à l'ouest de la Côte d'Ivoire.

spécialistes des buttes[5] pouvaient offrir leur service aux grands abatteurs d'arbres, comme ceux ayant la capacité de défricher, prêter main-forte aux connaisseurs des semences ou récoltes. C'était le temps des « *no-boa* ».[6] Ce système aidait le faible à pourvoir à sa propre subsistance, et aucune plainte entre le plus fort et le maillon faible ne pouvait exister.

La société traditionnelle reposait sur un socle unanimement admis. Pour gérer la société, la tradition prévoyait des jours fériés où tous les travailleurs devaient observer un temps de repos. Il y avait deux jours fériés : un, strictement obligatoire, qui revenait toutes les trois semaines. Il permettait aux paysans de prendre un temps de vacances quelle que soit l'abondance des travaux. C'était un jour décrété « sacré »[7]. L'enfreindre est sanctionné d'amende. Un autre jour férié était, quant à lui, hebdomadaire. Celui-ci était prévu pour des travaux communautaires, comme le nettoyage des sentiers, du village, la préparation d'un grand rassemblement, ou même pour l'assise du tribunal traditionnel. Il pouvait servir à réparer sa maison, à construire son grenier, en un mot

---

[5] Les buttes sont des assemblages de terre en petits monticules en vue d'enfouir l'igname, denrée principale chez les Agny et Baoulé de Côte d'Ivoire.

[6] « No-boa » littéralement signifie : « aider à défricher ». C'est une sorte d'entraide dans tous les domaines du travail champêtre, ainsi le faible n'est jamais lésé, tout le monde finit à temps et dans de bonne conditions les travaux. A tour de rôle, chaque paysan reçoit ses collègues pour un travail précis.

[7] Ce jour sacré est encore observé, même au temps de la civilisation moderne.

un travail qu'on peut qualifier de purement « social ou politique » (imprévu et même très ponctuel) qu' « économique » (qui est d'avance programmé).

En dehors de ces jours dits « fériés », chaque village s'en réservait un autre pour travailler dans la plantation du roi. Étant le « père » de tous, il lui fallait assez de moyens pour recevoir les étrangers : c'était l'impôt traditionnel qui n'empiète cependant pas sur le temps du travail.

Le travail est « sacré » à plusieurs titres : il participe à la sacralité des ancêtres qui nous l'ont légué ; il constitue la manière traditionnelle de gérer et de faire fructifier la vie. Et cette manière a réussi chez les ancêtres. A ce titre, il est indispensable à la vie. On ne peut pas se permettre la moindre négligence sans être ingrat envers les ancêtres. Enfin le travail crée sans cesse la personnalité individuelle. Or, celle-ci est sacrée, personne ne peut s'amuser avec elle sans se détruire lui-même. En un mot, le travail promouvant et spécifiant la vie humaine pour un groupe donné, est sacré au même titre que la vie. Des exemples à ce niveau sont utiles ici :

On ne commence pas à couper une forêt n'importe comment, et la prochaine portion est fonction d'une planification familiale. Tout est organisé, les uns étant liés aux autres comme dans une harmonie musicale et liturgique. Le travail traditionnel suit un ordre saisonnier, mais aussi méthodique. Il s'exécute dans la joie, c'est pourquoi on n'hésite pas à l'exécuter en chantant. Le chant donne à la fois le rythme et la force au travailleur. Chez les Sénoufo du Nord de la Côte d'Ivoire, une « chorale » de jeunes filles se détache pour encourager les hommes aux champs.

En plus de l'ordre rythmique, « physique », il y a un autre ordre à caractère moral qui accompagne la liturgie du travail : un champ ne peut pas être labouré s'il n'a pas auparavant été nettoyé, ni semé s'il n'a pas été dégagé de tout ce qui empêche la lumière, l'aération par exemple. La fin de cette « liturgie » du travail est couronnée par une cérémonie : c'est la fête de la fin des travaux.

On entend souvent parler des Africains comme ne sachant mieux faire que de « chanter et danser ». Or un peuple sans joie est un peuple triste, et un peuple triste est un triste peuple. Même s'il en a l'air, l'Africain ne passe pas son temps à danser et à chanter. En Afrique, le chant comme la danse a certainement une raison, un fondement et un but. L'Afrique noire chante à la naissance, dans le deuil et aussi au cours d'occasions festives. C'est le cas de la fin des travaux champêtres quand l'ordre est donné par le chef du village de rendre grâces pour le fruit du travail accompli : la fête de l'igname (le *Bédi élouo*)[8].

---

[8] « Bédi-élouo » est, chez les Agny, le nom traditionnel de la fête de l'igname. A la différence du manioc, du taro ou de la banane plantain, la culture de l'igname est saisonnière. La fête de l'igname a lieu au moment de la récolte, en décembre. Pour mettre en relief l'importance de cette fête, on n'emploie plus le vocable originel de la célébration « Blognan ». (« Blo » : la brousse, la plantation, la culture ; « gnan » : gagner, recevoir, accueillir, bénéficier, etc., soit fête d'action

En Côte d'Ivoire, la fête de l'igname, pouvant être qualifiée de « fête du travail traditionnelle », se célèbre d'une manière générale chez les Akan. Cette fête a beaucoup d'ampleur chez les Abron et les Agny. L'Histoire[9] de la découverte de l'igname est donnée comme le moteur, mais la forme cultuelle de la fête de l'igname est tout autant politique et religieuse que culturelle.

Cependant, le temps de « l'avoir personnel » va fragiliser cette conception. L'unité au sens communautaire ne peut plus s'étendre à tout le village. Les réticences commencent à se faire sentir. La politique familiale, coutumière, liée à la Tradition, n'est certes pas faite pour être violée. Mais la politique traditionnelle du travail va se retrouver, à l'heure de la colonisation, dans un processus culturel complexe qui

---

de grâce à l'occasion de la récolte). Celui-ci laisse place au terme « Bédi-élouo » plus révélateur de sens : « Ils sont en train de manger de l'igname ». Les Abbey parlent de « Dji-Dja », littéralement « le fait de tomber à l'eau ». Ce qui explique qu'il s'agit d'une cérémonie de purification. On se nettoie des fatigues de l'année, des blessures, de la sueur, de la poussière : on se lave et on célèbre le repos en mangeant le fruit de ses efforts.

[9] L'on raconte qu'à la découverte de l'igname, personne n'osait le manger. Le chef s'est porté volontaire, et a demandé d'observer d'abord une semaine s'il ne lui est rien arrivé, alors le peuple pourra en manger. Ce qui s'est fait et chaque année l'on fête en quelque sorte l'anniversaire de cette découverte qui se situe toujours une semaine après que le roi ait mangé la nouvelle igname. C'est aussi une fierté pour le groupe Akan de croire avoir fait en quelque sorte une « découverte scientifique ».

signera la fin d'une époque et l'incertitude pour celle qui se profile à l'horizon[10].

De manière générale, des contacts culturels ont lieu dans un contexte global qui entraîne des réactions en chaîne dans les sociétés concernées. La confrontation de deux cultures, de deux civilisations, est toujours douloureuse. De part et d'autre, chaque partie croit avoir raison de s'imposer, ou de refuser la proposition faite. C'est le cas de la civilisation du travail du type occidental à la rencontre du travail exercé dans la tradition africaine. La situation coloniale, ayant introduit un nouveau type d'économie – des cultures vivrières et industrielles nouvelles – a provoqué d'importantes « migrations » socioculturelles et psychologiques. Elle a bouleversé les circuits traditionnels de l'économie et de la division ancestrale du travail, provoquant un dilemme, car toute société, dans pareil cas, se trouve affrontée à la difficulté suivante : préserver sa singularité dans l'isolement ou s'ouvrir aux autres déterminations particulières de l'humanité pour un enrichissement mutuel.

La première attitude, qui pourrait se définir comme « endogamie culturelles » : la vie en vase clos, entraîne une rupture des échanges avec les sociétés environnantes pour maintenir les structures sociales

---

[10] A l'heure coloniale les indigènes vont travailler dans les plantations de café et de cacao du colonisateur. L'envie de l'autonomie va s'accroitre. Là, le travail est en quelque sorte « forcé » tandis qu'en ville l'emploi peut être rémunéré. Le « Blofoué-Djouman » va bientôt connaître jour.

préexistantes. L'immobilisme et le repli vers le passé provoquent la sclérose, l'entropie, enfin la mort des cultures victimes d'une sorte de consanguinité sociale : inadaptation aux situations nouvelles, aux agents extérieurs[11]. Une telle attitude de préservation et de repli peut conduire au suicide collectif.

Le contact avec l'autre étant essentiellement vu comme destructeur, l'auto-anéantissement peut parfois sembler préférable. Ce sera le « pénible » choix de l'Afrique au contact de l'étranger qui risque de ''profaner'' les acquis des ancêtres. La culture du travail dans la tradition est comme un héritage. Elle se reçoit des ancêtres par les anciens. Elle est le vrai patrimoine que les morts lèguent à leurs descendants vivants. Plus qu'un simple savoir-faire, elle est l'ensemble des mécanismes pratiques et symboliques des expériences liées à l'histoire et à la religion qui ont réussi, qui ont fait fortune chez les anciens, qui ont fait grandir la vie au temps des ancêtres.

Ce qui est commun à la culture du travail et à la religion, c'est la notion d'héritage. Selon la métaphore de J. Ladrière rapportée par C. Geffré, « *une culture est un enracinement. C'est un lien invisible, mais très étroit, qui rattache un être humain à ses prédécesseurs, à ses contemporains et à ses successeurs. Appartenir à une culture, c'est s'enraciner*

---

[11] Ces cultures sont si spécifiées au milieu écologique, qu'elles s'effondrent au moindre choc.

dans une tradition particulière, c'est être invité à habiter le monde dans un certain langage »[12].

Les descendants recueillent cet héritage et s'empressent de le valoriser à leur tour. Ne plus avoir la possibilité de perpétuer cette tradition de travail est non seulement la mort physique de l'Agny, mais aussi la disparition de sa culture et la « mort éternelle » des ancêtres. C'est pourquoi il n'était pas possible de confier sa terre et son travail au colon. Mais à cause de la supériorité militaire de celui-ci, l'indigène ne pouvait que « maudire » la terre et refuser de se consacrer au travail. Il ne supportait pas le changement que « l'étranger » apportait dans ses habitudes.

En effet l'exploitation agricole s'est radicalement transformée dans certaines régions. A côté des cultures vivrières, variées suivant les besoins de la communauté et exécutées d'une manière extensive traditionnelle, s'est développée la monoculture intensive des produits d'exportation : café, cacao, palmier à huile, coco, hévéa. Cette évolution a entraîné des répercussions dans la vie sociale de l'indigène. La grande famille indivise d'autrefois tend de plus en plus à se morceler ; le champ familial, beaucoup moins soigné que par le passé, recule au profit du champ individuel ou de celui du colon qui, souvent, emploie de force[13].

---

[12] Claude GEFFRÉ, *Le Christianisme au risque de l'interprétation*, Paris, Cerf, 1983, p. 221.
[13] Cf. Viviana PAQUES, *Les Bambara*, Monographies ethnologiques africaines, Paris, Presses Universitaires de France, 1954, p. 79.

Le travail ne sera plus vu comme une valeur, mais comme un moyen de paraître et de se « faire accepter » par le Blanc. Le *Blofoué-Djouman* (travail salarié instauré par le Blanc)[14] va désormais s'imposer avec force. De plus, travailler sur la plantation du Blanc, même en échange d'une rémunération, est une « trahison à la loi des ancêtres », selon l'Indigène. Cette réticence à trahir les ancêtres était tellement forte que l'Agny empêchait la culture de ce qui est aujourd'hui la fierté et la richesse de la Côte d'Ivoire : la culture du café et du cacao.[15]

Le « *Blofoué Djouman* » ne s'est véritablement imposé comme un modèle de référence en Côte d'Ivoire qu'après la seconde guerre mondiale, au moment où démarrait effectivement l'industrialisation de la colonie. Il se présentait comme une libération pour les petites gens, enfin capables de bénéficier d'un

---

[14] « Blofoué Djouman », littéralement « travail du Blanc ». Ne sachant pas d'où le Blanc est issu, l'Agny croit que cette race est de l'ordre des génies. Ils sont sortis de la forêt (« blo »= forêt ; « fouè » = homme, (celui qui, l'auteur de) d'où « homme (celui qui est sorti) de la forêt »). « Djouman » étant le travail, « Blofoué Djouman », est donc le travail venant de ceux qui viennent d'ailleurs. Quand on est employé pour le « Blofoué Djouman », le travail est vu de l'extérieur et donc on est appelé à profiter de lui sans aucune gêne. Malheureusement cette mentalité persiste à l'heure des pays souverains et indépendants. Profiter du travail revient à piller, car il n'est pas vu comme bien propre mais plutôt comme bien pour autrui.

[15] Le Père Jean-Paul ETCHLIMANN, dans son manuscrit, « Culture », rapporte le témoignage des « vieux Agny » qui se levaient au milieu de la nuit pour arroser leur propre champ avec de l'eau chaude, afin de tuer les nouveaux plants de café et de cacao qui leur ont été imposés par le Blanc.

salaire et même se constituer un capital. La jeunesse, pour se frayer un chemin, ne pense trouver son bonheur que dans le « *Blofoué Djouman* » dont les villes (capitales en général) sont les seuls fournisseurs. Par contre, les familles nobles accueillaient le « *Blofoué Djouman* » comme un système déstabilisateur. C'était, d'après eux, le moyen mis en place par le Colonisateur pour affaiblir la capacité morale et psychologique de l'indigène. Ce changement socio-économique a provoqué de quelques manières des bouleversements tant au niveau moral que dans le respect des normes de la Tradition.

La conception coloniale de la modernité n'a malheureusement pas évolué dans l'esprit de l'Ivoirien. Cela reste très visible dans tous les domaines de la société nationale. Il est utile de redresser certaines conceptions pour le bien du continent noir. L'idéal serait peut-être de commencer par préciser certains concepts.

1.2 Notion du « Djouman »

Le « Djouman »[16], traduit par le mot français « travail », est aussi employé avec le même sens chez d'autres peuples d'origine Akan[17]. Les Ashanti du Ghana, les Abron à cheval sur le Ghana et la Côte

---

[16]Jean-Paul ESCHILIMANN et Pierre .JABOULAY, *Lexique Français Agni*, manuscrit, 1980, p. 457.

[17] Les Akan sont un peuple de diverses ethnies regroupé au sud et à l'est de la Côte d'Ivoire. La plupart viennent du Ghana, dit-on. Ce sont les Agny, Baoulé, Abbey, Ebrié, Adioukrou, Alladian, Nzémah, Akyé, Abron (ou Bron), etc.

d'Ivoire, les Abbey, les Akyé et les Ébrié l'emploient avec une différence de prononciation. Le sens générique traduisant « le travail » reste inchangé. Cependant une étude sémantique approfondie de ce mot traduit par « travail » en français n'a pas la même assise chez tous. Ainsi, il n'y a pas de possibilité chez certains de décoder à partir de leur langue ce mot désignant le travail. En revanche, les Abron et les Ashanti, tout comme le Baoulé et l'Agny arrivent à faire une étude en décodant en langue française les différents termes traduisant « le travail » par un seul mot : « Djouman ». Nous allons dans cette étude nous intéresser à la sémantique Agny traduisant le mot « travail ».

« *DJOUMAN* » qui traduit le concept Agny du travail vient de deux mots : « *DJOU* » et « *MAN* » ; deux mots qui ont chacun une signification propre et distincte, et dont la confusion n'est pas possible. Le premier désigne en effet l'action et le second l'espace vital.

« *Djou* »[18] se traduit littéralement par « prendre soin de », « élever », « s'occuper de », « améliorer le sort de » quelqu'un dont la situation nécessite un secours extérieur. Ainsi quand on « *djou* » un enfant, on est tenu de l'entourer d'attentions pour

---

18 Jean-Paul ESCHILIMANN et Pierre JABOULAY, *Lexique Français Agni*, manuscrit, 1980, p. 130. En un sens, « djou » a le même sens que « ta » qui signifie « élever (un enfant) ». « Ta » a plus le sens de « nourrir » tandis que « djou », sans négliger le côté nutritionnel, ajoute la dimension affective, morale et humaine. Ainsi on peut « ta » un animal, mais on ne peut pas le « djou ». Les différents emplois seront donnés ultérieurement.

qu'il ne ressente pas, par exemple, l'absence de sa mère. En tout point de vue, il doit être satisfait. Quand on « *djou* » un enfant on est supposé être capable d'apporter un plus, un mieux-être à sa vie, à son être.

« *Djou* » qui a la même racine que la jambe et le pied (*dja*)[19] a un caractère et un sens très profond dans la psychologie Agny. En effet, « se tenir debout » (*djassou*), « être debout » (*djinan*)[20], le « mariage » (*adjaha*)[21], ainsi que « l'héritage » (*adjia*) ont tous la même racine que « *djou* ». Ainsi « *dja* » (la jambe) est « la roue » de l'homme ; grâce à elle le déplacement lui est facile, sa position lui permet d'entreprendre, de se défendre, de travailler, de se rendre plus visible. En cela apparaît un sens de « secours » de capacité et de pouvoir dans le sens de possibilité. De même « *djassou* », la position debout conditionne les mêmes actes et possibilités que procure la jambe[22].

Quant aux termes « *adjia* » et « *adjaha* » qui véhiculent l'un le sens de « l'héritage » et l'autre une signification presque complémentaire, « le mariage », ils font comprendre le caractère sacré du « *djou* »[23]. En

---

[19]*Idem*, p. 328.

[20] André QUAIREAU, *Description de l'Agni*, Doctorat d'État, Université Grenoble III, 1987, p. 134.

[21]*Ibidem*, p. 143.

[22]*Ibidem*, p. 509. André QUAIREAU explique très largement le sens de « *djinan* ». En plus de son sens ordinaire de « se lever », de « s'arrêter », il est employé aussi pour : attendre, être immobile, être à son maximum (en parlant de la rivière), être au zénith (quand il s'agit du soleil) (p. 510), monter, relever (quelqu'un), éventuellement le guérir (p. 541).

[23] Ce caractère sacré de « *djou* » sera expliqué plus loin quand nous aborderons le « *djouman* » comme réussite sociale.

effet l'intimité, la fraternité, la proximité créées et favorisées par « *djou* » permettent un dévoilement du cœur et un partage de soi. Ainsi l'homme ne peut « *djou* » sans se donner, se partager, s'ouvrir à l'autre. Un véritable mariage s'opère donc dans l'action de « *djou* », qui permet une certaine prise en compte sur soi de l'autre d'où le caractère d'héritage. On y est par le fait attaché, on vit avec, car il devient notre héritage. Lutter pour sauver, pour parfaire, pour réussir quelque chose est ainsi inscrit dans le cœur de l'homme. L'Agny l'a bien perçu et fonde sa philosophie d'attachement à la nature sur ce point très pertinent qui fait de l'homme l'image de Dieu qui crée et se donne dans sa création.

Ces considérations font appel à un autre concept, de même racine, et qui permet de comprendre le côté douceur du cœur qui travaille : c'est « *djoura* »[24] qui signifie « descendre ». Car tout travail qui fait honneur à l'homme doit se faire avec un cœur joyeux et bon[25]. Tous ces termes montrent que le travail est une joie du cœur qui se rend visible dans l'objet de la « création » de ce travail. C'est donc ce qui est dans le cœur qui se dessine par la concrétisation d'un exercice humain en vue d'un service pour le bien de l'homme et de la création. Ce qui nous amène à la seconde moitié du mot.

---

[24] Jean-Paul ESCHILIMANN et Pierre JABOULAY, *op. cit.*, p. 109.
[25] Un peu comme une mère qui accouche, fait descendre l'enfant depuis le sein maternel pour le « déposer » sans bruit, le travailleur « repose » le travail.

« *Man* »[26] signifie le cosmos, le monde, le fait de vivre. Le monde est au service de l'homme, et l'homme est responsable du monde. En même temps qu'il doit le parfaire, il doit l'aider à se diviniser en le purifiant. L'homme a le mandat de « conduire » le monde vers la vie. « *Man* » est aussi la conjugaison du verbe « donner » à la deuxième personne de l'impératif. C'est donc un ordre divin que de « donner » de soi à l'autre, au monde.

L'Agny est ainsi attaché à son « monde », à la création[27]. Pour lui cela va de soi. L'homme Agny n'agit pas sur la nature sans ménagement, il ne la contraint pas, il la fait fructifier par des gestes appropriés, avec des outils convenables et aux moments favorables. Tout cela dans un sens qui est aussi religieux que technique.[28]

Ainsi, se procurer des éléments pour la médecine traditionnelle ou pour délimiter une portion de terre, est pour l'Agny une liturgie : il faut au préalable demander la permission à la plante, à l'eau,

---

[26] Jean-Paul ESCHLIMANN et Pierre JABOULAY, *op. cit.*, p. 269. « Man » désigne tant l'univers, le pays que la vie.

[27] L'amour du monde chez l'Agny rejoint (sans pourtant le connaître) la pensée de saint Thomas d'Aquin, pour qui la matière fait partie intégrante de l'économie du salut et de la définition de l'homme. Sa pensée pose ainsi question à l'homme. Aime-t-il le monde moderne pour analyser le sens des transformations qui s'y déroulent et en révéler le sens profond ? La question reste sans cesse posée.

[28] Chez l'Agny, le divin (spirituel) et le temporel ne sauraient se séparer. On passe aisément de l'un à l'autre. C'est ainsi qu'on ne peut pas signer un contrat, sceller une alliance, siéger au tribunal, etc., sans une libation qui est d'ordre religieux.

à la terre, etc. Cela avant toute exploitation. Il y a chez l'Agny une communication de l'homme avec la nature qui est en même temps signe et source de bénédiction dans ce qu'il entreprend pour sa subsistance. De ces deux mots « *Djou* » et « *Man* », le travail, dans le concept Agny prend son sens. Il signifie : « prendre soin du monde » afin de le rendre meilleur, lui « apporter ce qui (lui) manque » pour qu'il devienne plus habitable, « améliorer » son état actuel.

L'évocation de ce nom fait transparaître toute une vie, une histoire et une tradition. L'Agny de Côte d'Ivoire a compris que l'homme est en lui-même « universel » et il ne saurait vivre heureux sans se « donner »,[29]donner un peu de lui-même au monde qui l'entoure. Il exprime sa conception si profonde de la vie par le fait qu'il est créé pour « *djou* » le monde. Il devient ainsi non seulement partenaire mais acteur principal, voire le premier participant à l'environnement et à l'embellissement du monde pour en être l'héritier.

L'homme Agny ne peut se dérober à la construction du monde. Il croit ainsi au « travail » et à

---

[29] Jean-Paul ESCHILIMANN et Pierre JABOULAY, *Lexique Français Agni, manuscrit*, 1980, *op. cit,*, p. 119. « Man » signifie aussi donner, offrir, faire don à… (André QUAIREAU, *Description de l'Agni*, Doctorat d'État, Université Grenoble III, 1987, p. 291). L'Agny a compris que bien vivre, c'est vivre avec les autres et ensemble. Sa vie prend son sens que lorsqu'il se sent utile auprès des autres. C'est pourquoi la traduction littérale de village (ou ville), c'est l'amour. « Koulo » est le même mot qui traduit « aimer » (*Lexique Français Agni*, p. 12) et « village » (*Lexique Français Agni*, p. 474), en pensant au partage, au vivre ensemble : c'est la conception de la condition humaine chez l'Agny.

ses effets positifs pour le bien-être de l'homme et de tout l'homme. C'est donc à juste titre que l'Akyé[30] en traduisant le terme « travail » fait appel à la joie. Le Djouman chez l'Agny devient « *Djiman* » chez l'Akyé dont le radical qui vient de « *Djilè* » signifie « la joie ». Le « *Djiman* » akyé ne peut traduire que l'épanouissement de l'homme. C'est pourquoi il peut signifier « se suffire », « avoir du bonheur ». Le travail, dans la sémantique Akyé, c'est « ce qui procure la joie » ; et puisque le bonheur ne saurait se séparer de la vie, le travail, dans l'entendement Akyé, peut se comprendre par : « ce qui fait la joie de vivre ».

De même, pour certains peuples comme le M'baise du Nigéria,[31] le mot d'où est tiré celui de travail a pour signification « la force ». Le travail exclut la paresse, le « fainéantisme », car le travail est « propre » ; il se veut pur, net et bien fait. Sans la force (la santé physique, psychique, morale et intellectuelle), il est difficile de faire un travail convenable. En allant un peu plus loin chez d'autres peuples en Afrique centrale : au Burundi,[32] le travail

---

[30] L'Akyé est un groupe ethnique de la Côte d'Ivoire, faisant partie du grand groupe AKAN, déjà mentionné. Grâce à nos investigations auprès des sages Akyé (chefferie familiale et villageoise de Akoupé, Afféri 1 et de Adzopé).

[31] Catherine IROACAZY ASSUMPTA, *De la famille humaine Mbaise-Ibo à l'Église famille de Dieu : jalons catéchétiques pour une vie chrétienne plus responsable*, mémoire en catéchèse, Institut supérieur de la catéchèse, UCAO, Abidjan, 2004, p. 3. Le travail se dit « olo » qui se traduit par « faire ressortir la force de réalisation » ; il fait appel à la création personnelle, à l'œuvre que le travailleur est appelé à réaliser.

[32] Iki (ceci) prend une autre forme Igi (voici) et korwa (ce qui est à faire) ? Les deux mis ensemble forment le mot qui veut dire travail.

prend le sens de « voici ce qui est à faire ». Le travail est ainsi vu comme une « mission confiée à l'homme » par son créateur.

A l'origine, le travail est donné à l'homme comme une « mission » à accomplir à l'image du Créateur, et non pas comme une « punition ». Le travail est l'activité normale par laquelle l'homme assure sa subsistance et son progrès matériel en mettant en valeur le monde que Dieu a créé pour lui, pour qu'il en fasse son bonheur. La création à l'image de Dieu est donc révélatrice de la mission confiée à l'homme. Loin de se détourner, il doit l'assumer en l'accomplissant le mieux possible. C'est pourquoi chez les Tagouana[33]de Côte d'Ivoire, le travail a le sens de la recherche d'une aventure : « partir en vue d'un mieux-être ».

Traduit du français « travail », « Igikorwa » montre du doigt la nécessité du travail : il signifie « voici ce qui est à faire » ! L'homme n'est pas né pour une vie oisive, mais pour transformer le monde. C'est une tâche qui lui a été confiée depuis l'aube de la création.

[33] Les informations suivantes nous sont parvenues grâce à notre enquête faite auprès des prêtres originaires des diocèses de Korhogo et de Katiola aux études à l'UCAO (année 2000-2004). Le Taguana est un sous-groupe Sénoufo vivant au centre de la Côte d'Ivoire dont le voisin le plus proche est le Baoulé. Dans l'ethnie Tagouana, le travail se dit « Tounou » qui a le sens de mission, d'envoi. « M'en toun » signifie « Je t'envoie », (toujours avec l'idée d'envoyer en vue de…). Donc travail veut dire : « envoi à l'aventure » ; « aller chercher un bonheur qu'on n'a pas maintenant » ; « aller à la recherche de sa réussite » ; « aller pour rapporter en retour… ». Quand on l'a (la chose recherchée), on ne va plus à sa recherche ; donc travailler, c'est s'enrichir ; Il a aussi le sens de partir quêter (humilité, sérieux, bon sens oblige) et de recueillir pour avoir (qui fait appel à l'ouverture, au favorable, à l'envie de réussir, à la disposition de réceptivité, à l'accueil, etc.).

Travailler, entreprendre un travail, c'est donc « aller sur le chemin ». Ainsi, en revenant au concept Agny, précisons que pour traduire « je travaille » l'Agny dit « je mange » le travail.[34] En faisant appel au sens du « travail » en Agny, nous arrivons à ces conceptualisations de la sémantique du « Djouman » : appropriation, intériorisation, du monde par un apport de construction afin de le rendre plus vivable, plus beau. Cette idée d' « assimilation » du monde fait de l'Agny un travailleur, car il en connaît la valeur. La négation en revanche « *m'in ni* (ou *m'inim'a*) *djouman* » à traduire littéralement par : « Je ne mange pas le travail » fait allusion à un « refus de coopération ». Ce retrait de la solidarité humaine pour la construction du monde fait appel à un autre sens qui est le « manque de vie ».

Pour l'Agny, refuser de travailler c'est refuser de vivre. Celui qui ne travaille pas se trouve comme privé de la vie ; il manque de vie. Le « *min ni djouman* » peut donc se traduire par : « Je ne vis plus », je n'ai pas de raison vitale en moi, je suis en manque. Partant des considérations susmentionnées, le travail pour l'Agny apparaît comme une vie qu'il faut acquérir et poursuivre. Cette vitalité perçue dans le travail donne un souffle d'espérance dans l'exercice du travail quel qu'il soit[35]. La joie de se savoir utile dans la

---

34 Jean-Paul ESCHILIMANN et Pierre JABOULAY, *Lexique Français-Agni*, manuscrit, 1980, p. 457. Voir aussi chez André QUAIREAU, *Description de l'Agni*, Doctorat d'État, Université Grenoble III, 1987, p. 273.

35 André QUAIREAU, *op. cit.*, p. 301. « Man », employé comme conjonction, atténue l'ordre. Il donne tout son sens au travail ici ; il

vie fait vivre. La vitalité se voit dans la « jeunesse » du travailleur qui sans cesse recherche une amélioration, une avancée vers la « perfection » du travail. L'Agny intègre ainsi à sa manière une anthropologie du travail. Elle se traduit par la nature de l'homme, sa raison d'être. Avec ses connaissances quelque peu rudimentaires d'un Vrai Dieu Unique, l'Agny avait la conviction d'être effectivement le « lieutenant » du Créateur sur la terre[36].

À l'instar de saint Paul[37], la tradition Agny avait des méthodes très humaines pour ramener à l'ordre les brebis égarées. Le vol était puni, le paresseux ne pouvait pas facilement se trouver une femme. Rappelons que les impotents n'étaient pas oubliés dans la société Agny. Ils ont toujours été pris en charge par leur famille et la communauté villageoise ; des familles sans enfants[38]pouvaient aussi en adopter, etc.

---

demande de le reconnaître comme un bien à chercher et non comme un ordre à obéir.

[36]L'Agny se retrouve parfaitement dans la réflexion faite par frère JEAN : « *L'homme, créé à l'image de Dieu, doit parvenir durant le temps de son existence à sa ressemblance. Un désir d'eau et de feu s'élève des entrailles de l'homme et s'incarne dans la matrice de ses œuvres pour revenir habiter son cœur, l'inondant d'une joie qui irrigue toutes ses veines. L'homme recommence avec fidélité cette danse nuptiale, jusqu'au jour où Dieu, pénétrant l'alcôve de son cœur, féconde son désir d'un souffle de vie. L'homme devient être vivant ! Il découvre en Dieu sa propre image, celle de l'homme restauré dans son intégrité.* » (Frère JEAN, *Le Jardin de la foi*, Paris, Presses de la renaissance, 2003, p. 182).

[37]Saint Paul reproche à certains chrétiens de « *vivre dans le désordre…sans rien faire* » ; il affirme péremptoirement : « *Si quelqu'un ne veut pas travailler, qu'il ne mange pas non plus* » (2 Th 3, 10-12). Il exhorte les chrétiens au travail, celui-ci étant le devoir de l'homme.

[38] Les enfants apportaient richesse à la main-d'œuvre puisque le travail se faisait par famille. Même les impotents avaient leur rôle à

Si nous passons en revue les différentes langues de l'Afrique, nous nous rendrons très vite compte que ce peuple noir sait ce qu'est le travail, sinon il ne lui donnerait pas un sens si noble. Rien d'étonnant, donc, s'il rattache le travail à son histoire et à sa tradition. L'observance du jour de repos (quand et comment travailler), la répartition du travail selon le sexe et l'âge lui sont venues de manière naturelle. Connaissant la sémantique de « Djouman », nous allons entrer dans la signification profonde de l'emploi de ce mot et la résonance de ce même mot dans la vie de l'Agny du temps moderne.

1.3 La nouvelle culture du travail : le Blofoué-Djouman

En fait, il semble y avoir deux concepts complètement opposés à partir de l'avènement du « *Blofoué Djouman* ». L'objectif essentiel chez le colon, dans un contexte de compétition internationale très vive, était d'avoir une grande productivité à moindre coût. Tandis que l'indigène visait, quant à lui, à une abondance de richesse à moindre effort par la tricherie au travail. Le « *Blofoué Djouman* » devient alors incontournable face aux exigences que présente la société moderne. Il est même imposé par la société nouvelle.

---

jouer : par exemple, surveiller le nourrisson pendant que les parents travaillent.

Loin d'être une affaire de jeunes qui refusent la campagne, c'est une obligation pour toute la population active. Ceci permet une autre compréhension de la chose : ce n'est pas seulement un moyen « de profit », mais la solution vitale la plus sûre. Car le système économique au temps colonial a présenté des avantages certains sur les autres modes de production qu'il a réussi à dominer et à utiliser dans son propre intérêt. Il a développé les forces productives et simplifié la nature des rapports sociaux. Il a créé le marché international en développant les moyens de communication, les transports, les navigations. Ce même système a permis la production de marchandises à grande échelle et à bas prix, accentuant le déséquilibre des classes sociales.

Stupéfait, l'indigène constate le règne en maître du capitalisme et du matérialisme, ainsi que de l'individualisme profiteur et du « dieu argent ». C'est un véritable problème éthique auquel les pays en modernisation, avec l'incontournable insertion du « *Blofoué Djouman* », doivent faire face. Car, par ce phénomène, le travail salarié devient l'un des supports essentiels du changement social, autour duquel se restructure la société ivoirienne[39]. Il est entré dans l'ère du « *Blofoué Djouman* » avec des options, des jugements et des appréhensions qui sont rarement éclairés. Du coup, l'accès à l'emploi salarié devient très tôt l'enjeu de luttes sociales.

---

[39]Nous ne prétendons pas ici soutenir que le travail salarié soit le seul vecteur de changement social. Le rôle de l'économie de plantation dans la structure de la société ivoirienne est aussi bien évident.

Mais plus profonde et bien fondée est la manière dont l'esprit de l'Ivoirien saisit le nouveau type de travail, le « *Blofoué Djouman* ». L'Ivoirien le comprend de manière intuitive, comme une vie facile, une porte ouverte à la vie d'aisance, au pouvoir. Il le comprend comme un tremplin au « tout permis ». Le « *Blofoué Djouman* », pense-t-il, permet un monde meilleur. Car il est devenu pour l'Ivoirien le maillon essentiel dans la chaîne du développement moderne. Mais il est utile de souligner ici le poids de l'importation culturelle qui reste un véritable fardeau pour les pays africains.

La mentalité du « Blofoué-Djouman », un concept à purifier, car le mal du travail ivoirien semble être un problème de mentalité. Il est urgent de mieux comprendre la situation actuelle de la Côte d'Ivoire et les implications réelles du contexte socioprofessionnel. Peut-être trouvera-t-on une issue aux impasses actuelles. Nous ne voulons pas entrer dans aucune considération partisane. Une évidence cependant s'impose à nous grâce aux informations recueillies par nos enquêtes. Il semble que l'Ivoirien, fuit, refuse ou n'aime pas le travail. Dans l'exercice de ses responsabilités, « il travaille mal » ou pas du tout, comparé aux normes prescrites par le droit international du travail. Voilà un mal assez profond dont il faut trouver des remèdes sans tarder, au risque d'empêcher le développement des pays africains déjà en retard de plus de soixante années de gâchis et de désordres sociopolitiques.

Le désengagement de la Côte d'Ivoire comme de l'Afrique noire entière, face à son propre intérêt, surprend et inquiète. L'Afrique semble s'isoler du reste du monde[40]. Ne s'agit-il pas d'une question d'irresponsabilité ? Celle-ci se remarque par le fait que, dans l'Administration publique comme dans le privé, personne n'est coupable de rien. C'est toujours la faute aux autres. Dans les villages, dans les familles, dans les partis politiques et même dans l'Église, l'habitude est de se « reposer » sur celui qui peut s'occuper de tout le monde.

D'une manière générale, aucune partie de la vie humaine africaine n'est restée à l'abri des influences des mutations apportées par la nouvelle vie occidentale. Dans la vie de la société africaine les variations d'un État à l'autre, d'une région à l'autre, comme d'une ethnie à l'autre restent sensibles et réelles. D'une part, des adaptations plus ou moins positives se font sentir : la naissance d'une conception nouvelle de l'environnement humain (géographie, sciences naturelles, physiques et chimiques, météorologique, technique et technologique), la découverte des profondeurs du monde soulignent la possibilité accrue de tirer profit de la création et tout le monde en est conscient.

---

[40] Le problème de l'isolement de l'Afrique mériterait toute une écoute : car les travaux d'histoire et de préhistoire n'ont pas encore dit leur dernier mot. On n'a pas encore donné suffisamment de moyens à des savants africains objectifs et dénués de tout esprit de servilité, pour qu'ils remettent en cause les travaux des premiers chercheurs en majorité étrangers à la culture africaine et qu'ils poursuivent des recherches dans un esprit nouveau.

D'autre part, domine l'incompréhension ou le leurre d'un « habillage superficiel ». La mentalité de « dépendance » fait que les gens ne se sentent pas suffisamment interpellés et concernés par ce que le pays risque de devenir. Tout se passe comme s'il appartenait à d'autres peuples de venir construire la Côte d'Ivoire. Dès lors, la responsabilité des dommages qui se produisent dans la vie courante est tour à tour renvoyée des uns aux autres. C'est une triste réalité que relève ici, Jean-Marc Ela : « *Les Africains attendaient le « développement » mais c'est la « crise » qui est venue. La situation de l'Afrique est unique. Alors que le reste du monde progresse, l'Afrique recule. Dans les milieux populaires, oubliant les travaux forcés et le système de l'indigénat, certains en arrivent à croire qu'on était mieux au "temps des Blancs"* »[41].

Cette idée a été bien pensée et bien conçue, car elle traduit le triste sort africain. Sans en mesurer la profondeur et le débit, la mère Afrique s'est jetée dans le fleuve « modernité » dont les conséquences sont plus qu'évidentes. Le drame actuel de l'Afrique est de subir le mode de vie, les motivations, les types de besoins du monde occidental. L'imitation du style de vie de l'ancien colonisateur est une obsession qui ne conduit pas seulement à l'exhibitionnisme, au désir de paraître, mais aussi à cet esprit de profit qui est un

---

[41] Jean-Marc Ela, *Afrique l'irruption des pauvres*, op. cit, Paris, l'Harmattan, 1994, p. 22.

aspect du capitalisme occidental. Le Pape saint Jean-Paul II n'avait-il pas raison de lancer ce vibrant appel ?

> « *Ne tombez pas, chers frères et sœurs africains, dans cet engrenage désastreux qui n'a rien à voir ni avec votre dignité de créatures de Dieu, ni avec ce dont vous êtes capables. Vous n'avez pas à imiter certains modèles basés sur le mépris de l'homme ou sur l'intérêt. Vous n'avez pas à courir après des besoins artificiels qui donnent une liberté illusoire [...] Vous n'avez pas non plus à vous leurrer sur les vertus d'idéologie qui vous font miroiter un bonheur toujours remis à demain »*.[42]

Saint Jean-Paul II avait raison de rappeler à l'Afrique ce qu'elle est. Plutôt que d'idéologie, le vieux continent a besoin de connaissance technique et scientifique. En Afrique le manque de conscience et de culture d'entreprenariat et de formation des acteurs économiques est responsable de l'insuffisance dans la maîtrise des outils de gestion et dans l'organisation rationnelle de l'exploitation des entreprises. Cette conscience du manque d'expérience et de compétence au niveau technique et managérial, dû au manque d'un certain stimulus individuel et concret, a pu contribuer à développer une mentalité de sous-développé chez les opérateurs économiques.

---

[42] Jean Paul II, extrait de son message d'adieu lors de son premier voyage en Afrique, cité par Pénoukou in *Église d'Afrique*, Paris, Karthala, 1984, pp 99-100.

Malheureusement l'agir des fonctionnaires ivoiriens contribue parfaitement à faire répandre l'idée « qu'il faut être Blanc » pour réussir dans l'industrie ou à mieux assurer la prospérité de l'industrie. Ce mal se propage à la vitesse de la lumière dans le cœur de l'Ivoirien en particulier, et dans toute l'Afrique noire en général.

Ce n'est pas tout : En même temps qu'est réel l'apport du colonialisme dans la situation socioprofessionnelle ivoirienne, il ne faut pas oublier l'apport de la classe politique qui ne doit sa légitimité et sa crédibilité qu'à la croyance répandue en l'existence d'un complot néo-colonialiste. À cela s'ajoute la tendance à exploiter l'ignorance des hommes, surtout des analphabètes. Ceux-ci se laissent influencer par les agents administratifs et certains politiques qui profitent de leur naïveté et leur demandent plus que la prescription de l'État. Certaines catégories d'étrangers sont aussi la proie des exploiteurs sans conscience. Tout est de nouveau à apprendre. Il faut redéfinir aujourd'hui le bien-fondé de la nouvelle civilisation et faire aimer la nouvelle vie en s'impliquant, chacun à sa place, avec le meilleur de soi-même. Le modernisme sera-t-il une suite d'inventions et de perfectionnement de la vie, ou bien un bloc chaotique, total et définitif ? Serait-il préférable pour ces pays d'Afrique noire de recommencer à la base comme à l'aube de la civilisation humaine, puisque finalement, comme après un très grave accident de la route, on ne sait pas comment tenir le blessé pour éviter le moindre gémissement ? Indépendante parmi les indépendants, l'Afrique, mais surtout la Côte d'Ivoire, meurt de sa liberté-libertinage, par l'envie de l'enrichissement immédiat. Cette fragilisation de l'État ivoirien à travers ses institutions, l'appauvrissement de l'économie nationale, la misère galopante qui étouffe de plus en plus les citoyens, trouvent leur cause dans le manque de conscience professionnelle et du sens du travail. L'esprit du bien commun n'est plus observé, et les petits et les pauvres en font davantage les frais. Et pourtant, la Devise de ce beau pays en dit tout.

2 La Devise de la Côte d'Ivoire : Union-Discipline-<u>Travail</u>

2.1 Le bien commun selon la devise de l'État

Union, Discipline, <u>Travail</u>

La devise nationale composée des trois mots " Union - Discipline - Travail ", résume l'idéal commun de tous les citoyens et leur volonté d'œuvrer ensemble à la construction de leur pays, la Côte d'Ivoire. La devise nationale invite à la réflexion. Car l'Etat naissant avait une raison et une conviction en proposant comme devise, « l'Union, la Discipline et le Travail ». En effet, influencé par la religion (du fait de ses compositeurs qui sont prêtres catholiques[43]), cet hymne renferme en lui-même l'idéal identitaire de la Côte d'Ivoire et de l'être Ivoirien. Oui la devise Union, Discipline Travail résume l'idéal commun et la volonté du peuple ivoirien de toujours œuvrer ensemble pour la construction de la Côte d'Ivoire.

Union :

La force d'un peuple se trouve dans l'unité nationale ; « l'union fait la force », dit-on. De l'unité du peuple, tout est envisageable pour un avenir prospère ; c'est le creuset de la réussite nationale. L'union éduque à la conviction que tous les Ivoiriens ont en commun une richesse unique, la Côte d'Ivoire.

L'union évoque aussi le sentiment que tout ce qui peut arriver au peuple ne doit pas provenir du fait qu'ils ne se découvrent ni ne se sentent pas souvent assez frères et sœurs du même pays, alors qu'ils sont condamnés à s'aimer et à vivre ensemble. Du Nord au Sud, de l'Est à l'Ouest, en passant par le Centre, tous les Ivoiriens, par ce premier pilier de la devise nationale, sont invités à se donner la main dans la main, dans l'unité pour construire ensemble leur patrimoine commun. L'hymne national rappelle L'hymne national rappelle à l'homme ivoirien qu'il a en tout et au-delà de tout le devoir de travailler dans l'union et la communion pour faire de la Côte d'Ivoire la « patrie de la vraie fraternité ».

---

[43] Les abbés Pierre Marie COTY (future évêque de Daloa) et Pierre Michel PANGO.

Aussi, l'hymne national, l'Abidjanaise, comme en échos, exalte la grandeur de la Côte d'Ivoire, terre d'espérance, pays d'hospitalité, de paix et de dignité, grâce à la vaillance de ses fils qui combattent pour la liberté politique, économique, sociale et psychologique de la population nationale. Sous les mots suivants, chaque habitant de la Côte d'Ivoire doit se sentir interpellé et réagir en conséquence :

> *« Salut ô terre d'espérance*
> *Pays de l'hospitalité*
> *Tes légions remplies de vaillance*
> *ont relevé ta dignité*
> *Tes fils chère Côte d'Ivoire*
> *Fiers artisans de ta grandeur »*

On ne combat pas en rangs dispersés, mais plutôt dans l'union et dans la discipline. Ce qui va déterminer le choix des fondateurs de la nation ivoirienne que l'on ne cessera de saluer avec fierté, hommage et considération. Ils nous donnent aussi la voie de la discipline.

Discipline :

La discipline évoque le respect des lois et des ordres établis par la République afin de garantir le succès des entreprises et les destinées communes de tous les Ivoiriens. La discipline quotidienne permet le suivi et la rentabilité. Elle garantit d'éviter le temps perdu et le gaspillage. Elle mesure la capacité réelle de production du pays et permet de juger son niveau de vie.

C'est aussi la clef de la sécurité et la manière la plus fraternelle de se protéger mutuellement, en pensant au bien-être et au confort du voisin. La discipline était déjà une prévention contre l'anarchie, la corruption et le désordre, par rapport à la gestion des ressources communes de la Côte d'Ivoire.

C'est pourquoi l'hymne national exhorte tous les citoyens à demeurer fiers d'être Ivoiriens, à travailler dans l'union et la discipline pour faire de la Côte d'Ivoire, « la patrie de la vraie fraternité ». Pour cela les fils doivent lutter pour la gloire nationale qui, seule, peut faire le bonheur de tous.

> *« Tous rassemblés et pour ta gloire*
> *Te bâtiront dans le bonheur »*

La fin du gaspillage des ressources naturelles et leur juste répartition sont les défis majeurs de ce siècle pour l'Ivoirien et pour l'humanité entière. Réussir ce pari suppose une franche contribution individuelle et collective par un travail sérieux et bien fait après plus de soixante années de désordre sociopolitique et économique et surtout de la négligence notoire dans plusieurs milieux de travail.

La discipline nous oblige à ne plus engager des entreprises « trompeuses » qui aggravent la situation routière après seulement à peine trois mois de réparation coûteuse. L'État doit vérifier et situer les responsabilités sans complaisance politique : c'est l'argent du contribuable qui va toujours en fumée. Or, parmi les voies du développement le travail en est une.

Travail :

L'activité fondamentalement humaine est le travail. Le travail libère de la dépendance des autres et apporte le réconfort moral et matériel. Il est la seule activité socialisante par excellence chez l'homme. Il est également le cadre dans lequel l'être humain se réalise et s'accomplit en extériorisant ses potentialités. Ce qui développe en lui le sentiment d'utilité en l'insérant dans le tissu social par le biais de la coopération et des interactions sociales qu'il permet. Le travail fait ainsi reculer les frontières de la solitude et de l'isolement social. Cette valeur hautement sociale libère l'homme des maux tels que l'ennui, le vice et l'oisiveté en structurant le temps et en fournissant des repères. C'est pourquoi *« travailler aujourd'hui est apparu comme un instrument de libération, remède à l'aliénation »*[44].

Le travail confère non seulement des privilèges à l'homme dans la société, mais il joue également un rôle éminemment économique. Il est la principale source de revenu qui assure une indépendance et une sécurité économique en permettant la satisfaction des besoins matériels. Il procure au travailleur statut, revenu économique, sens donné à l'existence, considération de la part de l'entourage, justification et image valorisante, sacrifices multiples et promotion sociale, capacité à fonder une famille, etc.

---

[44]Adegbedi, 1998, p. 59.

Vue sous cet angle, la vie de l'homme dans la société est tributaire du travail ainsi que son bien-être. Comme pour rappeler la devise nationale dans le cœur et dans l'esprit de l'Ivoirien, l'hymne insiste sur la nécessité du travail, en invitant tout le peuple à répondre positivement à son appel.

> *« Fiers ivoiriens, le pays nous appelle*
> *Si nous avons dans la paix ramené la liberté*
> *Notre devoir sera d'être un modèle*
> *De l'espérance promise à l'humanité*
> *En forgeant unis dans la foi nouvelle*
> *La patrie de la vraie fraternité. »*

Le devoir de l'Ivoirien, c'est d'être « un modèle » ; il est invité à « forger », c'est-à-dire à inventer de nouvelles formes conformes à sa taille, à ses ambitions et utiles pour son avenir. Cela ne doit pas se faire en rangs dispersés. Les Ivoiriens doivent forger, oui, mais « uni dans la foi nouvelle » : foi du développement intégral, de l'émancipation et du respect mutuel ; foi de permettre et de donner la chance à chacun sans discrimination, quel que soit le parti politique au pouvoir. Surtout aucun groupe ou sous-groupe ethnique ne doit être défavorisé. Cette foi doit devenir concrète dans le mûrissement des Ivoiriens, dans leur mentalité évoluée, dans leur ambition commune, dans le souci de porter et d'élever chaque citoyen à une vie meilleure. C'est en cela que la Côte d'Ivoire peut réaliser son idéal en vue de construire « la patrie de la vraie fraternité ».

Mais cette « patrie de la vraie fraternité » risque, d'une manière ou d'une autre, de perdre sa face dans l'avenir, si les autorités compétentes, locomotive du Navire Ivoiriens, ne changent pas leurs vues trop personnalistes, partisanes et individualistes de la politique nationale. C'est pourquoi le bien commun prôné par l'Etat naissant doit être retrouvé aujourd'hui. Les initiateurs de nos destinées ont été de grands visionneurs remplis des grandes intuitions que nous, jeunes générations, après cinquante ans, sommes appelés aux réalisations concrètes, efficaces pour le bien de tous et de chacun, et non pour les uns seulement[45].

L'emblème national (Orange Blanc Vert) doit être le symbole vivant de la patrie. L'Orange qui rappelle la couleur de la terre de nos savanes du Centre est le symbole de notre lutte. Il ne s'agit pas ici de lutter « ivoirien contre ivoirien », mais de lutter pour sortir le pays de son sous-développement. La Côte d'Ivoire est dotée de grandes richesses en sol et en sous-sol. Elle ne doit ni souffrir en manque de nourriture, ni connaître un tel taux de pauvreté (49% selon le discours du Président GBAGBO à la veille du

---

[45] C'est une honte pour un pays comme le nôtre que parce que enfants de pauvre ne pouvant pas « arroser la gorge » de je ne sais qui ne pourra jamais réussir à un concours de l'Etat malgré l'intelligence et la capacité intellectuelle du candidat. Que l'Etat prenne ses responsabilités sans partialité partisane et affinité politique. En effet que faut-il comprendre quand on fixe le taux d'admissibilité à un concours d'Etat supérieur à plus de dix (10) fois le salaire du citoyen moyen ? Quel avenir réserve-t-on aux enfants de telle catégorie de citoyens sensés bénéficier droit et devoir comme tout autre citoyen ?

cinquantenaire de l'Indépendance de la Côte d'Ivoire)[46].

Le Blanc symbolise l'espérance dans l'union et dans la paix. Le Blanc de l'emblème national est devenu une denrée rare pour notre pays, la Côte d'Ivoire. Tout Ivoirien et tout ami de la Côte d'Ivoire doit y mettre du sien pour retrouver la paix véritable dans ce pays, cette paix qui encore se recherche après les élections, les toutes premières de la Côte d'Ivoire, « en voie de démocratie », après soixante ans d'indépendance. La fameuse « guerre de dix ans » a arrangé et arrange encore certaines gens (et ceux-ci ne souhaitent certainement pas la cohésion nationale, parce qu'ils ne voient que leur ventre, même si de milliers de personnes souffrent et meurent à côté d'eux chaque jour). Malgré cette douloureuse épreuve, le pays ne semble pas tirer des conséquences de manière à éviter une autre calamité. Ressaisissons-nous ! Il n'est pas question que la Côte d'Ivoire efface de son Emblème le Blanc, il n'est pas question que ce pays perdre son caractère de la vraie fraternité, il n'est pas question que la division s'installe entre les

---

[46]La Côte d'Ivoire est indépendante depuis le 7 août 1960. La date du 7 août était une grande fête jusqu'après les années 80 où, pour une raison nationale, elle était ramenée au 7 décembre, période de récolte afin de permettre à chaque citoyen de prendre une part active à la fête nationale. Depuis la crise de la Côte la fête nationale est mise en veilleuse. Le cinquantenaire était mieux fêté dans les régions qu'au niveau national. Le Président Gbagbo avait donné la raison : « nous ne fêterons réellement qu'après les élections ». Avec la crise post-électorale de 2011 qui perdure, rien ne présage que la fête nationale va connaître sa chaleur première où les villes d'accueil en profitaient en développement de tous ordres.

citoyens pour une sourdine lutte de suprématie ethnique qui ne dit pas son nom. La Côte d'Ivoire a besoin de sa paix pour tout habitant et pour tous les citoyens qui, en toute liberté, doivent se mettre au travail en vue de vivre aisément et heureux. En effet, notre ressource, si elle n'est pas encore cédée ou dilapidée, suffit de rendre la joie de vivre. C'est le sens de la dernière couleur du tricolore : le Vert.

Le Vert en effet rappelle la couleur de la forêt, de la nature et de la fécondité ; il rappelle la certitude d'un avenir meilleur. L'avenir meilleur passe par le travail dans la paix profonde du cœur. L'État naissant a constamment souhaité que sa devise soit à l'esprit de tous les citoyens afin de contribuer davantage à l'édification de la Côte d'Ivoire. De notre union, de notre discipline et de notre travail dépendra en réalité la naissance de la nation d'espérance que nous appelons tous de nos vœux.

A l'occasion du cinquantenaire, des voix plus autorisées ont rappelé notre ambition première. Dans les spots publicitaires, on passait et repassait ce beau chant qui retrace notre histoire et notre « amour premier » pour notre pays :

> *Le travail de mille générations*
> *Conjura la Côte d'Ivoire.*
> *Elle paraîtra devant les nations*
> *dans tout l'éclat de sa gloire.*
> *Telle est son unique destinée,*
> *puisque braves et fiers,*
> *mes aïeuls sont morts*

pour la défendre
et moi je vivrai pour l'aimer.

La question est de savoir si l'Ivoirien, aujourd'hui, après soixante (60) années d'indépendance, aime encore (ou a compris qu'il doit aimer désormais et plus que jamais) son pays comme au bon « vieux temps ». Si oui, que faire pour un véritable service au bien commun en vue d'un développement intégral, juste, humain, vrai, au profit de la Côte d'Ivoire et de chaque citoyen sans exception ?

2.2 Le travail au service du bien commun

A entendre des propos du genre : « C'est leur affaire » ; ou bien « On se sert tant qu'on est là »; ou encore « Ce n'est pas à moi de changer ce système », on ne peut que se demander si un jour la Côte d'Ivoire sortira de son sous-développement, même si on rêve à « l'Ivoirien nouveau » ou à « l'émergence » à partir de l'an 2020. Ce genre de réaction presque collective frise une véritable fuite de responsabilité. Cette sorte d'intoxication de la conscience socioprofessionnelle finit par « se reproduire » en réalité sur la société. Vu que la plupart des travailleurs disent : « *Je suis venu pour avoir de l'argent ; le reste ne me regarde pas* ». S'il est évident que lorsque deux personnes élèvent un animal, il finit par se perdre[47], ce n'est pas pour cela qu'il faut fermer les yeux sur tout le reste des choses, jusqu'aux plus élémentaires.

C'est de ces idéologies que la situation suspecte et même troublante existante déjà tire son origine. Déjà, remontant dans le temps, Tidiane Diakité fait une réflexion très pertinente sur l'origine possible du manque de conscience professionnelle[48]. Il fait remarquer l'histoire du brigadier (le garde) et l'interprète du Commandant en insistant sur « *la brutalité du premier et la malhonnêteté du second* », qui inventait des situations au nom de la hiérarchie coloniale pour faire fortune. Nul doute que ce mauvais modèle a contribué aux comportements malsains dans les Administrations publiques. En effet, il semble aujourd'hui en Côte d'Ivoire, qu'être fonctionnaire signifie s'enrichir aux dépens des particuliers, mais aussi et surtout de l'État dont l'on n'a qu'un sens peu développé. Si l'inspecteur chargé du bon fonctionnement de l'appareil étatique monnaie lui aussi sa fonction, on ne peut que recourir à une cure générale de la mentalité ivoirienne du travail et du travailleur.

Le phénomène d'une moindre implication dans le travail quand il s'agit de produire ou gérer des biens communautaires, se vérifie partout, dans n'importe quel peuple ou nation. Quand il s'agit d'un bien

---

[47] Ce proverbe signifie : les choses en commun entraînent la négligence de toute la communauté ; car chacun pense que c'est à l'autre de s'en occuper, et finalement personne ne s'exécute.

[48] Cf. Tidiane Diakité, *L'Afrique est malade d'elle-même*, op. cit. p. 58.

particulier, on se sent davantage responsable. Pourrait-on dire que cela fait partie de l'instinct humain ? Peut-être ! Mais quand priment le profit personnel et une négligence individuelle notoire, au détriment de l'intérêt collectif, c'est alors que l'inquiétude se fait jour.

En effet, au-delà de ce qui peut être considéré comme tenant de l'instinct, d'un réflexe naturel de l'homme en général, l'on passe à un état de fait qui freine, asphyxie, et finalement, tue l'évolution d'une nation. C'est le cas de la Côte d'Ivoire. Elle n'a pas encore perdu sa vitalité, mais le risque deviendra de plus en plus grand si l'on ne trouve pas ici et maintenant de remède nécessaire contre la propagation si rapide, comme une épidémie, de la déformation du sens de la vie professionnelle dont elle est atteinte[49].

Car parler du bien commun pour l'Ivoirien (moyen) en général c'est nommer quelque chose qui n'appartient à personne, ou quelque chose dont tout le monde est d'emblée propriétaire dans le seul but d'en profiter et non dans le sens d'en avoir la

---

[49] Le constat qu'on peut facilement faire en arrivant en Côte d'Ivoire, c'est la vie au-dessus des moyens. Pour entretenir une telle vie, ce n'est pas l'ardeur au travail qui malheureusement préoccupe, c'est comment obtenir facilement ou frauduleusement ce à quoi on aspire. Dans le transport la multiplication pléthorique du système syndical reste tonnant ; dans la gare routière le gros loubard ne laissera pas passer l'usager si la pièce de monnaie n'est pas donnée ; nos enquêtes ont révélé que si rien ne se fait pour arrêter ce vol visible et obligatoire, c'est que cette raquette profite à toute une chaîne du plus bas au plus haut placé à qui appartient de mettre de l'ordre dans cette situation.

responsabilité, ou de le préserver. De nos enquêtes, il ressort que 57% de jeunes, 39% de femmes et 34% des hommes mènent leur vie sans aucun souci du bien commun. Que dire donc ? Nous sommes devant une ignorance qui devient un état d'esprit, une mentalité. Ce nouveau comportement est presque devenu normal : il n'y a plus de freins, car d'après ces personnes, c'est désormais *« le nouveau comportement pour vivre en Côte d'Ivoire »*[50]. On entend d'ailleurs comme un refrain qui, malheureusement, sort aussi de la bouche d'éminentes personnalités : « c'est ça la Côte d'Ivoire ! ». Comment peut-on être fier d'une situation si anormale et si dégradante sans aucun remord ? Paraphrasant l'autre, je le dis avec amertume : ce sont des Ivoiriens qui sont en train de tuer la Côte d'Ivoire. Qu'ils en prennent conscience, du plus petit au plus grand !

L'Ivoirien ne doit pas rester dans cet état d'esprit qui est plus qu'une ignorance. Il a besoin de comprendre et de se familiariser avec la notion du travail comme instrument au service du bien commun. Cela implique pour lui, certes, des efforts, mais il y va de son propre intérêt. C'est pourquoi pour « décoller » et renoncer à certaines de ses habitudes, il est indispensable de l'aider à reconnaître le mauvais fonctionnement de sa nouvelle société en vue d'un changement possible. Pour cela, nous retenons la définition du bien commun selon le Concile Vatican II,

---

[50] Une telle mentalité doit être vite écartée, si l'on souhaite une paix et un développement véritable de la Côte d'Ivoire.

valable et utile pour toute civilisation et pour toute religion qui veut marcher dans la vérité du bien de l'homme et de son développement intégral :

> *« Le bien commun, c'est cet ensemble de conditions sociales qui permettent, tant aux groupes qu'à chacun de leurs membres, d'atteindre leur perfection d'une façon plus totale et plus aisée [...] (Il) recouvre des droits et des devoirs qui concernent tout le genre humain [...], grandit la conscience de l'éminente dignité de la personne humaine, supérieure à toutes choses et dont les droits et les devoirs sont universels et inviolables. [...]. Aussi l'ordre social et son progrès doivent-ils toujours tourner au bien des personnes, puisque l'ordre des choses doit être subordonné à l'ordre des personnes et non l'inverse. [...]. Cet ordre doit sans cesse se développer, avoir pour base la vérité, s'édifier sur la justice, et être vivifié par l'amour; il doit trouver dans la liberté un équilibre toujours plus humain. Pour y parvenir, il faut travailler au renouvellement des mentalités et entreprendre de vastes transformations sociales. [...] » (G.S. 26).*

En insistant sur le bien commun, nous voulons redire à tout travailleur vivant en Côte d'Ivoire que là où il se trouve, il a le devoir de se sentir « ministre », c'est-à-dire « serviteur ou au service » de la nation Ivoirienne ; il doit travailler pour son pays ou pour le pays qui l'accueille et qui l'abrite, et avoir la conscience d'être au service de tout le monde, au service du « public national ». Tout travailleur doit ainsi avoir la conscience d'exercer une « fonction publique », même si, par exemple, il n'est qu'artisan, travaillant de son propre chef et à son propre compte. Par le fait qu'il respecte de bon cœur les règles établies pour le bien de tous, c'est-à-dire la déontologie (ne serait-ce qu'élémentaire) du travail, il est au service du bien commun. Le bien commun intéresse la vie de tous : « *Il* (le bien commun) *réclame la prudence de la part de chacun, et plus encore de la part de ceux qui exercent la charge de l'autorité* »[51].

Faut-il continuer de suivre ce politicien, qui, en général, est prêt à tout dire, pourvu que la population soit convaincue de ce qui est dit ? Intellectuels ou non, nous avons le devoir, selon l'esprit du « Djouman », d'être informés sur la gestion de notre société. Nous devons avoir la visibilité de la pratique des personnes qui ont en charge la destinée de notre pays, comme nous devons le faire sur nous-mêmes et sur notre conscience, selon la voie du « Djouman ». En effet, nous devons nous en convaincre : le « Djouman » peut mieux aider à une nouvelle mentalité du travail en Côte d'Ivoire afin de cerner l'esprit du bien commun au profit d'un développement fiable du continent noir africain.

2.3 A l'école de la culture africaine du travail : le « Djouman »

« *L'État fait semblant de nous payer et nous, nous faisons semblant de travailler* »[52].

L'Africain en général et l'Agny en particulier n'avaient pas ce raisonnement avant la colonisation.

---

[51]*Catéchisme de l'Église Catholique*, Paris, Mame/Plon, 1992, n° 1906 ; on peut aussi consulter les n° *1907, 1908 et 1909*.
[52]Propos recueilli pendant nos investigations.

Pour l'Agny, le travail faisait partie de sa vie et il réagissait d'ailleurs très mal si l'on parlait d'une certaine rémunération. La seule « rémunération » consistait à aider. Et en retour, par signe de reconnaissance, le propriétaire des lieux partageait la récolte avec le participant. L'Agny partait ainsi aider son chef hiérarchique dans ses travaux, ou son gendre, ou le faible, gratuitement. Et quand l'étranger était de passage chez lui, il n'hésitait pas à lui céder une part de sa récolte, de sa terre, etc. Chez l'Agny tout homme a droit au travail et il ne saurait le lui refuser.

Ainsi, l'aide mutuelle ne faisait pas ressortir les difficultés ; elles étaient plutôt des moyens de supporter le faible. D'ailleurs personne n'avait intérêt à nuire à son prochain dans le champ du travail. La société traditionnelle était consciente de l'existence du « Malin » avec son cortège de jalousie et de mal. Elle n'ignorait pas que le péché contribue souvent à enlever de l'homme le goût du travail et l'incite à être paresseux ou à vivre d'expédients.

Aujourd'hui, la mentalité du travail se présente autrement. A la vérification, nous nous sommes rendus compte que ce n'est pas le travail (ou le type de travail) apporté par l'Occident qui pose problème. C'est la manière dont on conçoit le travail moderne aujourd'hui qui n'aide pas à l'épanouissement de l'homme ivoirien. L'Afrique a toujours soutenu avoir été traitée comme « continent d'une sous humanisation ». Opinion justifiée par les pillages, l'injustice et la haute domination, de façon à faire perdre à la population sa dignité devant l'existence.

Certes la colonisation a déclenché un processus : mais si l'Africain avait bien su s'y prendre, s'il avait su mettre en valeur ses garde-fous moraux, les choses se seraient certainement passées autrement et le continent noir n'en serait pas à ce stade-ci. Le non-respect de ses propres valeurs ne peut qu'entraîner des conséquences qui tuent l'âme africaine[53].

Pour permettre un réel contact du travail avec l'âme africaine, il eût été préférable de l'évaluer, en rappelant à la conscience du peuple moderne, la valeur du travail dans sa Tradition et dans sa culture propre : le « Djouman ». Mais il est important de souligner qu'avec le développement de la globalisation et du phénomène de la mondialisation, cet avenir, désormais, ne peut se comprendre que dans le contexte des mutations. Voilà pourquoi l'Afrique noire doit rentrer dans la mouvance de l'évolution générale du monde en constituant des sociétés professionnellement conscientes, « *saines au plan des institutions, viables économiquement et résolument tournées vers les progrès et l'épanouissement des individus qui la composent* »[54].

---

[53] L'actualité donne la preuve des déviations constatées : dépravation des mœurs et pandémie du sida, régimes terroristes avec leurs corollaires de guerres fratricides et de massacres de vies humaines. Face à ces maux qui minent nos sociétés se pose alors une question : le brassage des cultures, la planétarisation des activités humaines laissent-ils une place à l'éducation traditionnelle africaine ? Comment l'homme noir africain se situe-t-il par rapport à ces nouveautés pour une évolution intégrée et positive ?

[54] Daniel ÉTOUNGA-MANGUELLE, *L'Afrique a-t-elle besoin d'un programme d'ajustement culturel ?*, Ivry-sur-Seine, Nouvelles du Sud, 1991, p. 77.

Le « Djouman » répond bien à ce critère. A cause de son rôle de producteur de vie, le travail chez l'Agny est vu comme une réussite. On se sent utile parce que participant à la construction humano-cosmique[55]. Ajoutons que « travailler » a un second sens qui partage l'idée de réussite et d'aboutissement heureux. « *Djou* » recouvre aussi le sens de « ce qui a abouti de manière heureuse »[56]. « *M'an djou* » (je suis arrivé) traduit un complément dans la compréhension de « *Djou* ». « *Djou* », dans ce sens, s'emploie toujours au passé. Ceci pour marquer un accomplissement, un résultat dans un sens positif : celui d'avoir réussi à surmonter tout obstacle sur le chemin[57]. « *Djou* » peut donc, par analogie, signifier dans un sens eschatologique : « faire aboutir (le monde) », le « faire arriver à sa destination ». Le « Djouman » porte ainsi le monde à sa perfection, à son salut, ce qui rejoint le dessein divin sur le travail. Car « *djou* », signifiant aussi « arriver », évoque ainsi l'épanouissement, la tranquillité, la fin de la fatigue, le repos, l'espoir comblé, le but réalisé... Il fait également penser à une libération, à une satisfaction sociale, physique,

---

[55] L'Agny, conscient de sa relation avec le divin, a toujours considéré la terre comme mère, et le ciel comme père. Il se sent lié en toute chose à la fois avec le ciel et la terre. Les libations commencent toujours par invoquer le ciel (Dieu) et aussitôt après la terre, avant de citer les divinités intermédiaires. Tout le développement ci-après fait mention du caractère sacré de « *djou* » dont nous avons parlé plus haut.

[56] Jean-Paul ESCHILIMANN et Pierre JABOULAY, *op. cit.*, p. 26.

[57] *Ibidem*. Le Lexique développe des synonymes de « *djou* » : « fité (sou) » qui veut dire : surgir de, aboutir à, tomber sur par hasard, sortir de (sa misère).

psychologique, morale et même spirituelle[58]. Le sens Agny du travail est finalement un sens que l'on peut qualifier d' « universel ». Toutes ces considérations nous amènent à reconnaître chez l'Agny la définition du travail donnée par le Vocabulaire pratique des sciences. Le travail, comme le définit A. Birou : *« C'est l'action de l'homme qui, par l'intervention de tout son être et grâce à sa capacité d'anticipation rationnelle, maîtrise la nature pour la faire servir à ses fins et lui permettre aussi de se réaliser lui-même ».[59]*

Le travail est donc un ensemble d'activités manuelles ou intellectuelles exercées pour parvenir à un résultat utile et déterminé. C'est l'ensemble des activités humaines organisées et coordonnées en vue de produire ce qui est utile. C'est un état, une activité d'une personne qui agit en vue d'obtenir un tel résultat. C'est pourquoi dans le « Djouman », il ne faut pas omettre le caractère à la fois social, bénévole et rémunérateur. Cependant par opposition au monde moderne[60] où tout se fait en vue d'un intérêt matériel,

---

[58] André QUAIREAU, *Description de l'Agni, op. cit.*, p. 129. L'auteur ajoute : « djou= arriver (quelque part) est peut-être à l'origine du mot *« djoura »* qui signifie « descendre » : l'idée de plénitude du mot *« djoura »* vient sans doute de ce que le haut est symbole d'une situation difficile et angoissante ; d'une femme enceinte, par exemple, on dit *« o a fon awouno »* (elle est montée en haut). Pour parler de son accouchement, on dira *« o a djoura »* (elle est descendue), c'est-à-dire elle est libérée, délivrée, sauvée ».

[59] Alain BIROU, in *Vocabulaire pratique des sciences sociales*, art. « Travail », Paris, Les éditions Ouvrières, 1966, p. 346.

[60] Le système économique de la civilisation occidentale a fait naître en l'Ivoirien une autre vision de la vie que celle qui était la sienne jusqu'alors. Il pense, calcule et agit toujours en vue d'un intérêt. Aider à libérer la chaussée en dégageant un véhicule en panne,

le « Djouman » est tout autre. L'intérêt, dans le « Djouman », c'est la joie d'avoir rendu quelqu'un heureux ; c'est la satisfaction intérieure et morale d'avoir fait du bien ; d'avoir apporté un plus à la société sans intérêt propre, ni même un quelconque avantage. Le travail est une vaste vision qui embrasse plusieurs réalités dans la vie de l'homme Agny. Il fait appel à l'intelligence, à la bravoure, à la formation de la volonté propre et à la personnalité de l'individu[61].

En revanche, les travailleurs doivent aussi avoir la possibilité de développer leurs qualités humaines et leur personnalité dans l'exercice même de leur travail. Tout en y appliquant leur temps et leurs forces d'une manière consciencieuse, ils doivent également, tous, pouvoir bénéficier d'un temps de repos et de loisir suffisant qui leur permette d'entretenir une vie familiale, culturelle, sociale et religieuse.

Vu l'éducation que l'Agny reçoit de sa tradition, il n'a pas de peine à comprendre et à accepter que le travail est un moyen d'épanouissement à tous les niveaux, car l'homme est ce « tout » à entretenir pour son équilibre propre : épanouissement social, autonomie vis-à-vis des autres. Le travail permet d'assurer le quotidien familial qui non seulement

---

montrer un endroit à un étranger, aider à changer un pneu, demander service à quelqu'un, etc., doit avoir pour contrepartie une pièce de monnaie.

[61] La conception Agny du travail se reconnaît dans l'affirmation du concile Vatican II : « *Le travail des hommes, celui qui s'exerce dans la production et l'échange de biens ou dans la prestation de services économiques, passe avant les autres éléments de la vie économique, qui n'ont valeur que d'instruments* » (G.S. 67). Cette pensée sera reprise dans la partie théologique sur la doctrine sociale de l'Église.

dispose à la satisfaction morale, mais aussi permet d'avoir un minimum de confort matériel[62].

Évidemment, se savoir utile à la société, se voir capable d'apporter sa part à l'édifice humanitaire du monde ne peut que procurer de véritables satisfactions. Pour en bénéficier, l'Agny conseille à sa progéniture de « bien faire et bien connaître son Djouman ». Lorsque le travail se déroule dans un contexte qui respecte les normes minimales, le sujet devient plus libre et son travail devient un élément objectif de la vie en société. Tout ce processus est mis en place en vue de susciter chez le néophyte une prédisposition d'homme équilibré : c'est une forme Agny de la conscience professionnelle et du sens du travail.

Ce qui suppose la présence dans la culture Agny de la justice sociale, de l'honnêteté et de l'égalité, sans oublier le sens du travail bien fait. L'Africain d'avant les indépendances n'avait pas toutes les formes et les nuances que connaît le monde moderne. Mais il sentait dans la gestion de sa vie les grandes intuitions d'une vie harmonieuse et heureuse. Ce sens du travail bien fait signifie « comprendre et vivre le travail » chez les Agny.

---

[62] Lorsqu'une personne travaille, elle peut faire face à ses besoins, ce qui l'empêche d'être regardée comme un « sous-homme ». En effet chez l'Agny, celui qui ne travaille pas ne bénéficie pas d'une véritable considération ; il est vu comme un homme de peu d'importance, voire inutile à la société. Il sera retranché comme le figuier qui ne produit pas de fruit. En revanche, celui qui travaille avec bonne conscience devient important et prospère, car il *« di Djouman »* (littéralement « il mange le travail »; il vit).

Pour l'Agny, comprendre et vivre le travail, c'est la responsabilité dans l'exécution des tâches. « C'est quand on pense à ce que l'on fait, dira un chef de famille, qu'on le fait avec amour et joie »[63]. Cette idée atteste bien l'existence du sens du travail dans la tradition Agny. Pour l'Agny, le sens du « Djouman », c'est le travail bien fait que l'on accomplit en respectant toutes les données et procédures. Les chefs de terre[64] l'ont toujours vu comme étant « le travail fait en ayant conscience qu'on le fait pour soi et pour Dieu ».

« Être homme », chez l'Agny, signifie avoir la connaissance suffisante de soi-même et de son environnement. Et comme l'homme ne peut d'une part se découvrir lui-même et ne peut d'autre part comprendre le monde pour le transformer qu'en passant par l'initiation, il doit s'éduquer ou être éduqué pour se réaliser, comme nous l'avons indiqué plus haut. C'est pour cette raison que l'Agny ne peut pas et ne doit pas négliger son « Djouman ». En effet, il y va de son honneur et de sa dignité.

---

[63] Propos recueilli auprès d'un chef de famille pendant nos investigations à Abengourou. C'était un soir, alors que les notabilités étaient réunies sur le cas d'un jeune homme qui venait de refuser d'épouser une jeune fille enceinte, pourtant engrossée par lui.

[64] Le chef de terre est un peu le « maire spirituel » du village. Il a la garde de la terre qu'il gère au nom des ancêtres. Pour tout ce qui est lié à la tradition, le chef du village est tenu de se référer à lui.

3   La Question de revaloriser le travail chez nous

3.1 Le respect et la dignité de l'homme au travail

La culture est aux peuples ce qu'est la mémoire à l'individu, c'est à l'éducation qu'appartient la transmission de la culture, cet ensemble des productions intellectuelles et matérielles. L'enfant Agny doit continuer d'être ce qu'il est (par la culture de sa personnalité) pour devenir une personne capable de donner à la société ce qu'elle attend du travail de ses membres. Car pour l'Agny, il n'existe aucune contradiction entre continuité et changement. L'Agny garde un caractère noble et distingué. La formation des individus va s'organiser autour de la recherche de l'acquisition de ce caractère. Les Agny seront par conséquent définis selon la nature de leur « *nzoon* »[65] qui peut être « *tê* » (mauvais caractère) ou « *kpa* » (caractère noble et distingué).

Cette distinction des individus n'est pas spécifique à l'Agny ; toutes les sociétés cherchent à former et développer chez leurs membres des caractères reconnus nobles. Mais il faut essayer d'aller plus loin pour comprendre la nature du socle sur lequel est édifiée cette vision chez les Agny de Côte d'Ivoire. Pour eux, la personne est la « négation

---

[65] « Nzoon » signifie « le comportement », le style de vie par rapport à la norme de la société.

positive » de l'individu ; il est, par exemple, injurieux chez l'Agny d'être considéré et traité comme un individu[66]. Cette conception repose en réalité sur l'idée que l'Agny se fait de la vie ; celle-ci transcende l'existence terrestre. Faire preuve de « *nzoonkpa* » revient à avoir une bonne vie, c'est-à-dire défier le temps par ses actions dignes d'éloges : son savoir, son savoir- être, c'est-à-dire être capable de parler ou de se taire suivant les circonstances, son savoir-faire, etc., bénéfiques pour la multitude des générations. C'est pourquoi, devenir « personne » chez l'Agny, suppose que l'on a acquis un statut social[67].

L'intégration à la communauté linguistique et à l'apprentissage de la connaissance du monde par l'éducation prépare l'enfant à la vie active.[68] Cette intégration à la communauté est ainsi une préparation de l'enfant à saisir l'essentiel de la relation au monde

---

[66] Chez les Agny de Côte d'Ivoire, l'individu se définit comme celui qui ne possède aucun repère ; il n'est attaché à rien socialement ; non seulement il n'est pas intégré, mais il manque d'éducation.

[67] Attention ! Ici, il ne s'agit pas d'argent, mais de richesse en humanité. Avoir une grande famille, beaucoup d'enfants, avoir à sa charge de neveux, nièces, etc. Cette richesse consiste aussi en la capacité de convaincre, de rayonner, d'être une référence morale, voire une « bibliothèque » en matière d'histoire familiale et de la région.

[68] Les chants, les contes et bien d'autres formes d'histoires, rappellent les mérites de tel ou tel membre de la société ou dénoncent ce qui peut être pris pour de mauvais comportements ; ils incitent indirectement l'enfant à se forger pour inscrire dans la vie communautaire des actions positives et indispensables à son propre épanouissement et au développement de son groupe. Ainsi par exemple, par les contes, l'Agny éduque l'enfant par rapport à l'obéissance et au respect des aînés ; au choix de vie, à la communion, à la charité, à l'amour, au service gratuit, etc.

du travail et de son groupe d'appartenance. Relation dont la forme la plus évocatrice est la transformation de la nature. Dès qu'il est en mesure de comprendre et d'agir, l'enfant Agny est vite instruit sur le fait que « *man lilèayilé y'olé Djouman* » (vivre heureux dans le monde a pour fondement le travail).

Le travail fait l'homme ou si l'on préfère, le travail est le miroir de l'homme. Car c'est un art noble, qui fait ressortir la dignité de celui qui l'accomplit. C'est pourquoi les Agny jugent bien souvent les comportements des hommes par leur manière de travailler. « *Il ne s'agit pas de travailler pour travailler, mais de s'appliquer à son travail, de bien faire ce que l'on a à faire* »[69]. L'engagement dans le travail est à la fois un devoir et un droit. Il y faut un minimum de conscience.

La conscience telle que l'Agny l'entend suppose autonomie et liberté de la personne. Dans la mentalité africaine, cette autonomie, aujourd'hui en veilleuse, occupait une place prépondérante dans sa culture. C'est pourquoi elle est considérée comme étant à l'origine de la réflexion personnelle de l'Agny à partir de son existence et de celle de ses frères et sœurs[70]. Par ailleurs, l'homme, pour faire face à son devenir, n'est pas seulement un sujet en quête de liberté, d'autonomie et de responsabilité, mais surtout un sujet en quête de vie et de bonheur. La notion

---

[69] Cette affirmation vient du proverbe Agny qui dit : « *Qui crache en l'air s'attend à recevoir le crachat sur son propre visage* ». C'est une autre forme de dire : « on récolte ce qu'on a semé ».

[70] Il faut entendre « frère et sœur » au sens africain qui regroupe à la fois cousin, concitoyen et finalement le prochain.

d' « être-vie » dans l'anthropologie africaine correspond mieux à la conception africaine de l'existence et permet de faire une nouvelle approche des questions relatives à la construction des personnes, des sociétés noires africaines.

Selon l'approche anthropologique du père N. Soédé, le devenir de l' « être-vie », c'est le devenir d'une totalité-vie consciente d'elle-même et engagée, dans le temps et l'espace, dans un processus de conquête de la plénitude-vie, un devenir qui est d'être plus, ascension et achèvement de l'être[71]. L'homme Agny, conscient d'être une vie engendrée, est pleinement lui-même, et donc vit. Quand il développe son être par le « Djouman », il engendre à son tour la vie sous toutes ses formes. Car c'est dans le travail consciencieux qu'il peut être un sujet accompli en s'accomplissant : « Djou-man ».

Le philosophe Hegel[72] raisonne à la manière africaine quand il dit en substance que « *le travail est une éducation-clé entre l'homme et la nature* ». Le travail en effet est toujours vu comme « le travail de

---

[71] Cf. Nathanaël SOÉDÉ, « Anthropologie et éthique africaine chrétienne de l'existence humaine », in *RUCAO*, n° 17, 2002, p. 72.

[72] Chez HEGEL comme chez MARX, la question du travail est question d'ex-pression de l'homme (qui marque les choses de son empreinte) et question de rapport à la nature, et par là, de la nécessité que traduit la dépendance de la nature. Cet être créateur, conscient de soi, l'homme, est ainsi un être en même temps dépendant, un être sous l'empire de la nécessité. Selon Marx, l'homme est un être qui « a objet », il a la nature devant lui, face à lui. L'homme se forme, explique pour sa part Hegel, dans la relation à des choses qui lui font face et lui résistent (Jean-Yves CALVEZ, *Nécessité du travail*, Paris, Les éditions Ouvrières, 1997, p. 95-97).

tous et pour tous ». Chacun sert l'autre et lui apporte aide. C'est pourquoi chez l'Agny, le travail est « *l'effort, l'application pour faire une chose* »[73]. Il est certain que l'utilité du travail c'est sa productivité, non seulement matérielle, mais morale, psychologique et spirituelle ; ce qui fonde ainsi la mission de l'homme inscrite dans son cœur par le Créateur, selon la tradition Agny.

En effet par le « Djouman » encore, l'homme ne transforme pas seulement le monde, il se parfait lui-même et exerce sa créativité. Il entretient ainsi la solidarité humaine. L'homme Agny conçoit la personne humaine en relation avec tous les autres hommes de la terre. C'est pourquoi il affirme avec N. Berdiaev : « *La personne n'est pas une partie, et ne peut être la partie d'un tout quelconque, ce tout serait-il l'immense univers tout entier [...]. Seule elle est capable d'avoir un contenu universel, elle est sous une forme unique, l'univers en puissance.* »[74]

Une mission si délicate nécessite une certaine formation pour que l'enfant Agny s'imprègne très tôt de la valeur du travail. Son accomplissement dépend fortement de la qualité de l'application des leçons reçues des aînés. Le néophyte se réalise, se libère et s'épanouit dans un monde de perpétuel recommencement.

---

[73] Définition recueillie chez un sage d'Arrah (ville royale des AgnyMorofoué) lors de nos enquêtes en 2004. Il s'agit d'un patriarche, centenaire, que l'on a toujours considéré comme étant le plus âgé de la ville, possédant encore toute sa lucidité.

[74] Nicolas BERDIAEV, *De l'esclavage et de la liberté de l'homme*, (1946), Paris, éd. Desclée, 1992, p. 21.

En faisant de l'individu une personne, l'éducation contribue à le libérer, à le rendre humain. Éduquer à la liberté, c'est faire en sorte que l'enfant devienne apte à entreprendre par lui-même, en faisant pleinement usage de son corps. C'est une lutte contre la paresse, cause de dépendance. C'est aussi un dépassement contre l'agression extérieure : commandement, oppression, force, autoritarisme. L'Agny a horreur de la « dictée du faire ». Il a plutôt besoin d'un minimum de confiance pour prouver son savoir-faire, son savoir-vivre, sa capacité d'« être vie » et d'« être-avec » ou d'« être-ensemble ». Car « *le développement de la personnalité de l'homme,* dit P. Bernard, *peut s'expliquer aussi à partir de deux motivations majeures et primordiales qui sous-tendent le comportement : l'une ayant une origine biologique, la recherche de la satisfaction d'un besoin vital pour l'organisme ; l'autre d'origine sociale, la recherche du sentiment de sécurité* »[75].

La tradition Agny du « Djouman » se présente comme une véritable école de la vie. Par toutes sortes de leçons, elle inculque cette sagesse dans sa culture. L'homme Agny est convaincu que par le « Djouman », il ne cesse de poursuivre l'œuvre de la création. Dans le travail en effet, l'homme se réalise, s'épanouit, développe ses talents, son imagination, son intelligence, ses connaissances, bref il devient « plus homme ». Le travail est ainsi pour l'Agny, en plus de

---

[75] Paul BERNARD, *Le Développement de la personnalité*, Paris, Masson & Cie, 1973, p. 102.

son sens de « chemin d'éducation et d'intégration sociale », la construction de l'être intérieur.

Faire son travail de façon consciencieuse, honnête et sincère d'une part, développer le respect de son métier, la volonté de bien faire son travail d'autre part, forge l'aptitude de l'homme à mener à bien son travail, avec amour et dévouement. De cette formation au « sérieux » de son application persévérante proviennent des images et des signes de la conscience Agny du travail. C'est pourquoi la culture Agny prend soin de former l'enfant à cet esprit dès son jeune âge. Ce qui traduit et justifie parfaitement les différentes significations sémantiques du mot « travail » dans les langues africaines.

En Agny le mot « *tâ* » sert à désigner l'éducation. Il dérive du verbe « *êtâlè* » qui signifie « élever », « apprendre à », « fixer », « coller », « s'occuper de », « faire grandir », « construire », « bâtir (une maison) », etc. Le travail étant perçu comme remède contre l'esclavage[76], contre la dépendance, devient un moyen de formation et de « formatation »[77] de l'être intérieur. Son action dépasse de loin le cadre visible de la personne et va jusqu'au centre de son être profond pour y imprimer un caractère indélébile. Dire que pour l'Agny il faut éduquer par le travail revient en réalité à soutenir que

---

[76] Ici, c'est surtout dans le sens de la dépendance sociale, au point de perdre presque ou en totalité sa liberté propre.

[77] Langage informatique pour désigner la mise en condition, la reconnaissance et la conversion du matériel de manière à être utilisable par un tel ordinateur : une sorte d'éducation au gré de l'appareil pour lui rendre compatible à l'utilisation.

le travail sert, par son mode d'organisation le plus actif, à savoir les tontines de travail[78], à transmettre à l'homme, de manière permanente, les valeurs définies par la société[79].

Il s'ensuit alors que la « formation de l'humain » est « le travail » des adultes sur les enfants, car c'est eux qu'il s'agit d'enfanter. Comme l'indique son sens étymologique français, « *éduquer consiste à faire sortir l'enfant de son état premier ; soit à faire sortir de lui (à actualiser) ce qu'il possède virtuellement* »[80]. L'enfant aux côtés des parents, tout en apprenant à travailler, apprend à être homme. L'Agny éduque plus dans l'apprentissage au « Djouman » que par des leçons de morale toutes faites. Pour lui, travailler c'est éduquer.

Il résulte de cette définition que l'éducation consiste en une socialisation méthodique de la jeune génération ; c'est en quelque sorte la manière de « donner forme » à cette jeunesse. L'Agny a ainsi conscience que sa destinée dépend du sérieux qu'il mettra dans l'apprentissage et dans l'exercice futur de son travail. C'est pourquoi il a ce désir inné de travailler pour être en communion constante avec la divinité.

---

[78] Un rappel : les tontines de travail sont très usuelles chez les Agny. Avant la colonisation, l'on ne connaissait pas le travail à caractère commercial. Il n'y avait donc pas de grandes étendues. On n'avait donc pas besoin de manœuvre. Le travail se faisait par tontine selon les groupes d'âge et selon les sexes surtout pendant les grands moments : défrichage, semence, récolte.

[79] Cf. Claude ASSABA, *op. cit.*, p. 169.

[80] Paul FOULQUIÉ, « Quadrige », in *Dictionnaire de la langue pédagogique*, Paris, PUF, 1991, p. 152.

La nécessité de redonner un sens au travail est ainsi l'élément essentiel que nous relevons. La conception traditionnelle du travail chez les Agny de Côte d'Ivoire est une richesse à mettre en valeur du point de vue de son développement. Reprendre la conception du « Djouman » s'avère plus que nécessaire. Elle prend en compte tout ce qui peut aider l'homme à fonder son humanité : le « Djouman » comme moyen d'intégration dans la société africaine, comme fondement de l'humanité de la personne, comme formation et formatation de l'être-vie, comme lieu d'éducation à la prise de conscience de l'être humain et à la conscience religieuse. Le travail chez l'Agny véhicule une grande importance sociologique qu'il ne faut pas la négliger. L'apport chrétien lui est donc indispensable.

3.2 Pour une éducation chrétienne et civique du « Djouman » dans le système éducatif en Afrique noire

L'Afrique aime s'agiter ; souvent elle ne semble pas comprendre, ou difficilement, ce qui est de son propre intérêt. Elle passe pour celle qui refuse son propre épanouissement à cause de sa diversité et de son manque d'unité. Des conseils, des raisonnements, des critiques et humiliations, en vue de son bien… tout cela, elle l'a connu. Si jusque-là, le continent noir semble rester insensible et sourde à son propre développement, entre toutes autres raisons, nous privilégions celle-ci : l'Afrique ne se retrouve certainement dans aucune des valeurs qui lui sont proposées.

D'ailleurs, n'est-ce pas pour cela qu'elle les gère avec tant de mal et de difficulté ? Qui peut oser, à moins d'avoir une défaillance morale et psychologique, s'opposer à son épanouissement et à son propre bonheur ? Qui peut être, sans être fou, son propre bourreau ? Qui peut scier, selon le proverbe Agny, l'arbre sur lequel il prend son appui ? Une seule interrogation : pourquoi vouloir faire ou vivre comme les Occidentaux, niant tout ce qui se rattache à ses origines comme valeurs et coutumes ? Pourquoi ne pas chercher à avoir sa liberté de pensée et de vie comme l'ont fait la Corée, la Chine, le Japon et l'Inde ?

Avant de se demander si l'on peut travailler librement, il est d'abord préférable de savoir si le droit du travail est appliqué quand il s'agit du travail en Afrique vis-à-vis des puissances mondiales. L'indépendance suppose une formation terminée. Le formé est ainsi jugé « capable » de se prendre en charge et de prendre désormais ses destinées en mains. Aujourd'hui, il s'agit de se défaire de l'esprit de dépendance économique qui a mené l'Afrique à la faillite, pour promouvoir l'esprit de construction qui pourra bâtir une Afrique nouvelle. Cependant cette construction ou reconstruction ne va pas sans une prise de conscience de la classe dirigeante, ainsi que celle de la nation tout entière. J.-P. Cot ne cache pas son inquiétude à ce propos : « *L'économie africaine est au bord d'une redoutable catastrophe [...] mais il faut d'abord que les Africains eux-mêmes, les élites et jusqu'aux habitants des bidonvilles, comprennent vite la gravité de la situation. »*

Ce qui est propre à l'Afrique et qui peut la retenir pour lui faire entendre raison, c'est certainement sa propre culture. Elle lutte certainement pour la retrouver, mais elle ne sait peut-être presque plus s'en servir pour faire ressortir la profondeur de son humanité. La sémantique du « Djouman », peut nous aider à entrer, grâce à sa signification profonde de son emploi, ainsi que sa résonance dans la vie de l'Agny (et de l'africain en général), dans la civilisation humaine et chrétienne de notre époque. Par exemple, pour traduire « je travaille » l'Agny dit « je mange » le travail[81]. En faisant appel au sens du « travail » en Agny, nous arrivons à ces conceptualisations de la sémantique du « Djouman » : appropriation, intériorisation, du monde par un apport de construction afin de le rendre plus vivable, plus beau. Cette idée d' « assimilation » du monde doit faire de l'Agny, de l'Ivoirien et de tout Africain un travailleur, car il en connaît désormais la valeur.

La négation en revanche « *m'in ni* (ou *m'inim'a*) *djouman* » à traduire littéralement par : « Je ne mange pas le travail » fait allusion à un « refus de coopération ». Ce retrait de la solidarité humaine pour

---

[81] Jean-Paul ESCHILIMANN et Pierre JABOULAY, *Lexique Français-Agni*, manuscrit, 1980, p. 457. Voir aussi chez André QUAIREAU, *Description de l'Agni*, Doctorat d'État, Université Grenoble III, 1987, p. 273.

la construction du monde fait appel à un autre sens qui est le « manque de vie ». Pour l'Agny, refuser de travailler c'est refuser de vivre. Celui qui ne travaille pas se trouve comme privé de la vie ; il manque de vie. Le « *min ni djouman* » peut donc se traduire par : « Je ne vis plus », je n'ai pas de raison vitale en moi, je suis en manque.

Partant des considérations susmentionnées, le travail pour l'Agny apparaît comme une vie qu'il faut acquérir et poursuivre. Cette vitalité perçue dans le travail donne un souffle d'espérance dans l'exercice du travail quel qu'il soit[82]. La joie de se savoir utile dans la vie fait vivre. La vitalité se voit dans la « jeunesse » du travailleur qui sans cesse recherche une amélioration, une avancée vers la « perfection » du travail.

A cause de son rôle de producteur de vie, le travail chez l'Agny est vu comme une réussite. On se sent utile parce que participant à la construction humano-cosmique[83]. Ajoutons que « travailler » à un second sens qui partage l'idée de réussite et d'aboutissement heureux. « *Djou* » recouvre aussi le

---

[82] André QUAIREAU, *op. cit.*, p. 301. « Man » employé comme conjonction atténue l'ordre. Il donne tout son sens au travail ici ; il demande de le reconnaître comme un bien à chercher et non comme un ordre à obéir.

[83] L'Agny, conscient de sa relation avec le divin, a toujours considéré la terre comme mère, et le ciel comme père. Il se sent lié en toute chose à la fois avec le ciel et la terre. Les libations commencent toujours par invoquer le ciel (Dieu) et aussitôt après la terre, avant de citer les divinités intermédiaires. Tout le développement ci-après fait mention du caractère sacré de « djou » dont nous avons parlé plus haut.

sens de « ce qui a abouti de manière heureuse »[84]. « *M'an djou* » (je suis arrivé) traduit un complément dans la compréhension de « *Djou* ». « *Djou* », dans ce sens, s'emploie toujours au passé.

Ceci pour marquer un accomplissement, un résultat dans un sens positif : celui d'avoir réussi à surmonter tout obstacle sur le chemin[85]. « *Djou* » peut donc, par analogie, signifier dans un sens eschatologique : « faire aboutir (le monde) », le « faire arriver à sa destination ». Le « Djouman » porte ainsi le monde à sa perfection, à son salut, ce qui rejoint le dessein divin sur le travail. Car « *Djou* », signifiant aussi « arriver », évoque ainsi l'épanouissement, la tranquillité, la fin de la fatigue, le repos, l'espoir comblé, le but réalisé… Il fait également penser à une libération, à une satisfaction sociale, physique, psychologique, morale et même spirituelle[86].

Le travail est dans ce sens vu comme œuvre, comme production et comme accomplissement de soi. Pour l'Agny, le travail ne va pas sans souci de « sortir », c'est pourquoi, loin de penser comme

---

[84] Jean-Paul ESCHILIMANN et Pierre JABOULAY, *op. cit.*, p. 26.

[85] *Ibidem.* Le Lexique développe des synonymes de « djou » : « fité (sou) » qui veut dire : surgir de, aboutir à, tomber sur par hasard, sortir de (sa misère).

[86] André QUAIREAU, *Description de l'Agni, op. cit.*, p. 129. L'auteur ajoute : « djou= arriver (quelque part) est peut-être à l'origine du mot « djoura » qui signifie « descendre » : l'idée de plénitude du mot « djoura » vient sans doute de ce que le haut est symbole d'une situation difficile et angoissante ; d'une femme enceinte, par exemple, on dit « *o a fon awouno* » (elle est montée en haut). Pour parler de son accouchement, on dira « *o a djoura* » (elle est descendue), c'est-à-dire elle est libérée, délivrée, sauvée ».

d'autres peuples que le travail est « un labeur », l'Agny le voit comme un combat, une tâche, à accomplir. On peut voir le travail dans la mentalité traditionnelle Agny comme l'activité la plus créatrice, la plus agréable ou la plus enrichissante de l'artiste, du responsable politique ou du chef d'entreprise.

Le sens Agny du travail est finalement un sens que l'on peut qualifier d' « universel ». Toutes ces considérations nous amènent à reconnaître chez l'Agny la définition du travail donnée par le Vocabulaire pratique des sciences. Le travail, comme le définit A. Birou : « *C'est l'action de l'homme qui, par l'intervention de tout son être et grâce à sa capacité d'anticipation rationnelle, maîtrise la nature pour la faire servir à ses fins et lui permettre aussi de se réaliser lui-même* ».[87]

Le travail est donc un ensemble d'activités manuelles ou intellectuelles exercées pour parvenir à un résultat utile et déterminé. C'est l'ensemble des activités humaines organisées et coordonnées en vue de produire ce qui est utile. C'est un état, une activité d'une personne qui agit en vue d'obtenir un tel résultat. C'est pourquoi dans le « Djouman », il ne faut pas omettre le caractère à la fois social, bénévole et rémunérateur. Cependant par opposition au monde moderne[88] où tout se fait en vue d'un intérêt matériel, le « Djouman » est tout autre.

---

[87] Alain BIROU, in *Vocabulaire pratique des sciences sociales*, art. « Travail », Paris, Les éditions Ouvrières, 1966, p. 346.

[88] Le système économique de la civilisation occidentale a fait naître en l'Ivoirien une autre vision de la vie que celle qui était la sienne jusqu'alors. Il pense, calcule et agit toujours en vue d'un intérêt.

L'intérêt, dans le « Djouman », c'est la joie d'avoir rendu quelqu'un heureux ; c'est la satisfaction intérieure et morale d'avoir fait du bien ; d'avoir apporté un plus à la société sans intérêt propre, ni même un quelconque avantage. Or le système éducatif semble plutôt être indifférent à tout ce qui construit une véritable cohésion et un vrai esprit d'unité et d'acceptation mutuelle. Loin d'aider à la reconnaissance, à l'entraide et au mérite, certains travailleurs ont l'impression d'être des rivaux et concurrents farouches, au point de mener toutes sortes d'actions de manière à nuire à l'émergence ou à l'avancée des collègues pour des raisons dont eux seuls détiennent le fondement. Si après tant d'années, les Ivoiriens ont toujours peur de collaborer sans trahison et de s'accepter dans le vrai sens du mot, c'est parce que l'éducation jusque-là n'a pas encore réussi à percevoir « la manière ivoirienne » d'éduquer le peuple au vivre ensemble. Et cela doit être une mentalité à inculquer depuis la maternelle, qui ne ressemblera à aucun autre système, car la réalité de Côte d'Ivoire ne doit pas être une vie calquée d'autres nations sans une profonde analyse. Ainsi, l'enfant grandira avec la beauté de cette nouvelle fleure qui va en bouleversant l'ancienne conception que l'égoïsme a longtemps entretenue dans le cœur des ivoiriens, entachant ainsi leur vie de travail. Le système Agny du

---

Aider à libérer la chaussée en dégageant un véhicule en panne, montrer un endroit à un étranger, aider à changer un pneu, demander service à quelqu'un, etc., doit avoir pour contrepartie une pièce de monnaie.

travail peut être utile à cela. En effet, le travail est une vaste vision qui embrasse plusieurs réalités dans la vie de l'homme Agny. Il fait appel à l'intelligence, à la bravoure, à la formation de la volonté propre et à la personnalité de l'individu[89].

C'est en cela que notre vie de société sera une vie de famille où l'on est traité avec mesure et bonne conscience. Puisque le bon esprit de travail fait accroitre le développement, les mesures d'accompagnement ne feront pas défaut. C'est ainsi que les travailleurs doivent aussi avoir la possibilité de développer leurs qualités et leur personnalité dans l'exercice même de leur travail. Tout en y appliquant leur temps et leurs forces d'une manière consciencieuse, ils doivent également, tous, pouvoir bénéficier d'un temps de repos et de loisir suffisant qui leur permette d'entretenir une vie familiale, culturelle, sociale et religieuse. Voir le travail comme « Djouman » pour le progrès de l'humanité est la préoccupation de l'Agny. Perdre le sens du travail, chez l'Agny, c'est donc se perdre soi-même ; d'où la nécessité de redonner sens au travail tel qu'il est inscrit dans la création. Mais, le « Djouman » à lui seul suffit-il pour éclairer le véritable sens du travail chez l'homme ?

---

[89]La conception Agny du travail se reconnaît dans l'affirmation du concile Vatican II : « *Le travail des hommes, celui qui s'exerce dans la production et l'échange de biens ou dans la prestation de services économiques, passe avant les autres éléments de la vie économique, qui n'ont valeur que d'instruments* » (G.S. 67). Cette pensée sera reprise dans la partie théologique sur la doctrine sociale de l'Église.

Longtemps, le « Djouman » a été oublié pour embrasser le « *Blofué Djouman* » qui ne devrait pas être compris autrement que comme un enrichissement du « Djouman » existant. Voulant trahir le « *Blofoué* »[90], l'Afrique s'est elle-même trahie. Sa connaissance sur la valeur du travail devrait l'aider à mieux appréhender les contours de la nouvelle civilisation du travail. C'est une véritable déviation occasionnée par sa mauvaise intention ; voici une erreur sur le sens du travail à corriger le plus tôt possible si l'Afrique a encore le désir de se positionner sur la place internationale. Il nous appartient, grâce à l'Écriture et à l'enseignement du Magistère de l'Église catholique, d'apporter tant soit peu notre contribution à la construction de la société africaine, surtout en ce qui concerne le travail, son sens et sa vie. A partir de l'enseignement de l'Église, nous voulons proposer une explication théologique du travail avec l'apport du « Djouman » originel Agny pour redonner à l'Afrique le goût et la conscience du travail en vue du développement économique, social, politique, culturel et spirituel du continent noir africain.

---

[90] C'est le nom que donne l'Agny au Blanc. Aujourd'hui, en Côte d'Ivoire, on traite de « Blofoué » tous ceux qui vivent au-dessus de leur moyen.

3.3 Pour une théologie pratique du « Djouman » en Afrique noire

L'avenir de la Côte d'Ivoire et de toute l'Afrique noire dépend de la « révolution de la mentalité africaine ». Quand nous parlons de « mentalité », il s'agit, comme nous le disent tous les dictionnaires, de « *cet ensemble des croyances et habitudes d'esprit qui forment et commandent la pensée d'une collectivité, communes à chaque membre de cette collectivité* ». Même si nous devons admettre qu'il y a autant de mentalités africaines que de pays, d'ethnies, de tribus, etc., il nous semble qu'il y a une mentalité africaine, c'est-à-dire un mode d'être et de penser qui résiste au développement, à un certain développement. En plus de la révolution de la mentalité, il faut souligner avec la même insistance que l'avenir de l'Afrique dépend des motivations propres à chaque pays, chaque peuple, et chaque région. Il dépend aussi de la mission de la société et des comportements des enfants, des jeunes, des femmes et des hommes, en un mot de toutes et de tous, et à tous les niveaux de la couche sociale. Il s'agit de « *faire advenir une humanité plus digne car plus libre, plus responsable et plus solidaire* »[91]. Cette proposition est si judicieuse et juste qu'elle ne peut que faire resurgir la question capitale : comment ?

---

[91] C.I.A.M., « Un projet africain d'évangélisation pour un suivi du Synode » in *L'Église demain*, n° 13, Kinshasa, Éditions Épiphanie, 1997, p. 63.

Une telle révolution de la mentalité et de la culture ne peut se faire sans engagement politique ferme, tant au sommet de l'État que dans les populations périphériques des quartiers urbains et des villages. Il faut établir un État de droit, juste et équitable dans son fonctionnement. Cette réalisation est possible en catéchisant les agents chrétiens de l'appareil étatique qui est un champ privilégié de l'évangélisation.

C'est, d'une part, par le travail d'éducation des consciences socioprofessionnelles : la redécouverte culturelle de la dimension morale et spirituelle du « Djouman » ; et d'autre part, par l'observation des valeurs évangéliques du travail que la vraie démocratie peut advenir dans les régions de l'Afrique entière.

Ici, une « rééducation » du sens et de la valeur du « Djouman » est vivement recommandée. Il faut situer l'Africain face à la réalité de sa responsabilité incontournable et le convaincre de s'ouvrir aux bienfaits du travail humain, non seulement dans le sens du recevoir, mais et surtout du donner. Ce qui suppose nécessairement la disposition à s'investir pour l'amélioration de son environnement dans le sens du « Djouman », selon la conception originelle Agny de la formation au travail. Car, « *une nation reste debout quand sa culture est vivante* ». Cette réflexion d'un haut responsable afghan, lors d'une émission télévisée sur l'Afghanistan, nous paraît judicieuse. L'identité culturelle est formellement liée à la libération culturelle, et donc au développement voulu et non imposé, car il s'agit non d'une simple affirmation de l'identité noire, mais de combattre ce qui est inhumain sous toutes ses apparences.[92]

Pour l'avènement d'une Afrique au travail où tout humain se trouve imprégné par les principes évangéliques, il est opportun d'évaluer l'héritage culturel africain dans sa généralité, mais surtout en ce qui concerne le « Djouman » et les acquis occidentaux par rapport à l'amour du travail et à la conscience professionnelle. Car c'est seulement dans cette optique évangélique : dans l'amour, avec l'amour, et sur la base de l'amour, que les deux cultures peuvent prôner une civilisation authentique de solidarité agissante et de responsabilité. La théologie du travail prôné par le « Djouman » propose à l'Africain de devenir « un modèle » et voudrait voir en lui l'amour à la fois dans son être et dans ses actions.

Dans la conception du « *Blofoué Djouman* », on travaille, mais on n'y met pas le cœur. On ne se sent pas impliqué ni de près, ni de loin, dans le travail que l'on accomplit. Celui-ci reste étranger au travailleur, donc il lui manque l'empreinte, l'âme, le cœur du travailleur. Finalement il n'est plus travail au sens du « Djouman », mais un fardeau. La théologie du travail par le « Djouman », au contraire, exige de l'Africain une tenue, un profil, une grâce à la manière du bambou.

---

[92] Cette idée est largement développée par le Père Adoukonou dans son traité sur le Vodu dont le titre est *Jalons pour une théologie africaine, essai d'une herméneutique chrétienne du Vodu dahoméen*, Paris, Karthala, 1980, t. 1 & 2.

« *Le bambou se dresse dans une pureté haute et droite. Sa force vient de sa flexibilité, de la consistance filandreuse de sa canne et du vide duveteux de son cœur. Il grandit en pointillé, sans grossir, comme sur les marches d'une échelle, vers la lumière humide. Par ses feuilles lisses en forme de sabre il ressemble à la jeunesse vigoureuse, mais par la noblesse de son tronc, qui s'incline sans rompre, au sage vieillard. Utilisé pour la construction, la cuisine, la médecine, le combat, l'écriture, la musique, la méditation… le bambou témoigne des qualités que la vie exige de l'homme : simplicité, souplesse, sérénité, constance. Il demeure flexible sous l'épreuve, sans casser, pour se redresser avec modestie comme une oriflamme de paix* »[93].

Dans cette réflexion apparaissent toutes les qualités requises pour l'Africain en particulier et l'homme en général, afin d'avoir le sens du travail recommandé par l'Église. Or, l'exercice du travail n'est pas toujours perçu sous cet angle. Par ailleurs, on ne peut envisager un changement sans une nouvelle compréhension de la vie et du travail. Le contenu de toute espérance, c'est la recherche d'une libération. On ne peut donc pas dire qu'on espère, si l'on n'aspire pas à transformer une situation de servitude plus ou

---

[93] Frère JEAN, *Le Jardin de la foi*, Paris, Presses de la Renaissance, 2003, p. 164.

moins intolérable. Or, la libération passe par l'acquisition d'une autonomie fondée sur une réelle responsabilité qui engage la conscience de chaque citoyen. Il ne s'agit pas de changer pour le plaisir de changer. Ce que l'Africain espère, c'est authentiquement « *changer la vie* »[94], c'est-à-dire transformer des conditions d'existence jugées inhumaines.

Il faut donc développer le sens critique par rapport aux informations, propositions et styles de vie aujourd'hui en vogue, pour ne rien accepter passivement. La création d'un nouveau sens de l'histoire est à ce prix. C'est ce que les évêques de Côte d'Ivoire ont exprimé dans leur Lettre pastorale aux familles : « *C'est votre devoir d'éduquer des hommes libres qui aient un sens moral fort et une conscience capable de discernement dans les diverses circonstances, avec la conception de son devoir propre et du devoir de travailler pour une meilleure condition de vie des hommes et pour la sanctification des hommes* »[95]. En un mot, le travail doit être « de l'homme », « pour l'homme » et reliant « l'homme à l'homme ». Ce qui suppose une véritable éducation à l'espérance humaine qu'apporte du « Djouman » par le travail. La connaissance du « Djouman » authentifie dans l'esprit africain ce que doit être le travail et son

---

[94] François VARILLON, *Joie de croire, joie de vivre, op. cit.*, Paris, Centurion, 1981, p. 211.
[95] *Conférence Episcopale de Côte d'Ivoire, Lettre pastorale aux familles de Côte d'Ivoire*, Yopougon, le 25 juin 1994, n°12.

exécution en vue d'un bien à la fois pour le travailleur et pour toute la communauté.

« L'Afrique au travail » en vue de son développement gagnerait à se débarrasser du « vieil homme » : une Afrique plaintive, rancunière, vengeresse, renfermée, passive, etc. Elle gagnerait plutôt à être une Afrique debout, désireuse du bien de son peuple, capable de surmonter ses difficultés et de s'en servir comme d'une expérience afin d'éviter de répéter d'éventuelles erreurs. C'est l'aspiration profonde du « Djouman » qui ne s'accomplit qu'avec le « cœur ». Dieu, en effet, n'est pas dans les nuages ; il se dit à travers toutes les réalités du monde. Celui qui n'est pas passé par cette prise de conscience ne parvient pas à mûrir. Or, l'immaturité se reflète bien souvent dans le comportement où les désordres s'accumulent : négligences, égoïsmes, injustices flagrantes, qui finissent par déborder le cadre professionnel. Nous nous hâtons cependant d'ajouter ce détail : il n'est pas nécessaire d'être chrétien pour comprendre cela et, effectivement, nombreux sont ceux pour qui le travail a une finalité plus noble : élever une famille, porter à maturité les qualités reçues en germe, rendre service à la société, atteindre une position sociale déterminée. Ce sont des buts légitimes et, sous bien des aspects, leur recherche a même le caractère d'une obligation morale.

Répétons-le, « être homme », chez l'Agny, signifie avoir la connaissance suffisante de soi-même et de son environnement. Et comme l'homme ne peut d'une part se découvrir lui-même et ne peut d'autre part comprendre le monde pour le transformer qu'en passant par l'initiation, il doit s'éduquer ou être éduqué pour se réaliser, comme nous l'avons indiqué plus haut. C'est pour cette raison que l'Agny ne peut pas négliger son « Djouman ». Il n'est pas question pour l'Africain en général et pour l'Ivoirien en particulier de négliger l'élément très important qu'est la valeur du travail tant dans la culture en général que dans la tradition noire africaine. C'est pourquoi la formation de la conscience doit se faire dans une vision de foi en symbiose avec le « Djouman » Agny. Le « *Blofoué Djouman* », ne doit-il pas être vu, perçu et compris désormais comme étant « *Ahintiè Djouman* » (travail de la nouvelle civilisation)[96] pour rimer avec le « Djouman » traditionnel Agny fondé sur le monde meilleur ?

Espérer un monde meilleur, c'est être tourné positivement et amoureusement vers l'avenir. C'est aussi refuser d'être bloqué dans l'immédiateté des événements en se résignant au présent, s'installant impuissamment dans son insuffisance présente. Tout en gardant une certaine dimension individuelle, un tel processus ne peut être réalisé qu'à l'échelle collective, l'espérance étant liée à une solidarité. Il est donc

---

[96]*Ahintiè Djouman* : Hin signifie l'œil en français et *Tiè (tilè)*, le fait de découvrir, d'enlever quelque chose, de couper, de dévoiler, etc. « Ahintiè » traduit donc une nouveauté, un renouveau. C'est le sens que l'Agny à la civilisation. *Ahintiè-Djouman* fait appel au « renouveau dans le travail tant dans son accomplissement que dans sa compréhension. Un nouveau type de travail qui apporte certainement plus de bien être que ce qui existait jusqu'alors : un véritable travail de la bonne civilisation.

souhaitable de maintenir le plus possible le travail en Afrique dans la sphère positive, c'est-à-dire dans un esprit collectif. En un mot, redisons que le travail doit être « de l'homme », « pour l'homme » et reliant « l'homme à l'homme ». En effet, la connaissance du « Djouman » authentifie dans l'esprit africain ce que doit être le travail et son exécution en vue d'un bien à la fois pour le travailleur et pour toute la communauté. L'évocation de ce nom fait découvrir à l'homme ce qu'il est en réalité : un être à dimension « universelle » qui ne saurait vivre heureux sans se « donner ». Ici transparaît déjà l'amour chrétien dont l'énergie, dira F. Varillon, est « *le Saint Esprit, capable d'exaucer le vœu de l'espérance en transformant l'humanité entière, en la libérant pleinement* »[97]. L'Africain en particulier (et l'homme en général) doit souscrire à cette option d'humanisation, puisqu'il est appelé plus que quiconque à assimiler la forme nouvelle du travail dans son être profond en vue de la construction de « son monde » et du monde[98]. Cette conception rejoint Saint Paul quand il affirme à propos du travail, que « *celui qui ne travaille pas ne mange pas non plus* » (2 Th 3, 10). Celui qui ne mange pas ne

---

[97] François VARILLON, *Joie de croire, joie de vivre, op. cit.*, p. 219.

[98] Rappelons-nous ceci : « *m'in ni* (ou *m'inim'a) Djouman* » littéralement traduisant « je ne mange pas le travail » fait allusion à un « refus de coopération ». Ce retrait de la solidarité humaine pour la construction du monde fait appel à un autre sens qui est le « manque de vie ». Pour l'Agny, refuser de travailler c'est refuser de vivre. Celui qui ne travaille pas se trouve comme privé de la vie ; il manque de vie. Le « min ni Djouman » peut donc se traduire « je ne vis plus », je n'ai pas de raison vitale en moi, je suis en manque (cf. *« Exemple du "Djouman" chez les Agny de Côte d'Ivoire »*).

peut pas vivre, du moins longtemps. Donc « refuser de travailler, c'est refuser de vivre ».

Dans une perspective plus explicitement chrétienne, il apparaît que le travail peut et doit désormais être l'œuvre de l'âme africaine, c'est-à-dire un « Djouman », un bien-vivre et un bien agir, puisque le bonheur de l'homme est sa priorité et sa mission. Le travail, en effet, n'est pas voué à une fin destructrice et périssable ; il est fait pour rendre service en donnant du sens à la vie. Par son travail bien fait, l'homme cherche ainsi en tout à être agréable au Seigneur. Son œuvre portant dans ce sens l'empreinte du Seigneur, il devient par sa manière de comprendre et de vivre le travail un témoin de la sauvegarde du bien commun, et même du Bien suprême. Le travail est en ce sens une production consciente et responsable de l'homme en vue d'un service du bien commun, participant ainsi à l'œuvre de la création. Le christianisme étant une religion universelle, il ne dénature pas mais éclaire l'homme en enracinant positivement la personne dans son humanité complète. Purifié de l'intérieur par la vision biblique de l'homme et justifié par la théologie catholique et chrétienne de la dignité humaine, le « Djouman » trouve son actualité et sa place dans le monde. Il peut donc contribuer activement à retrouver sens et valeur en vue de la promotion du travail en Afrique noire.

Le « Djouman » étant une richesse à mettre en valeur du point de vue du développement en Afrique et de l'épanouissement psychologique et humain du travailleur, on peut dire que vivre le travail dans cet esprit, c'est faire grandir son humanité, c'est même la découvrir et la fonder. Le « Djouman » comme moyen d'intégration dans la société africaine, comme fondement de l'humanité de la personne, est ainsi un moyen éminent de formation et formation de « l'être-vie », comme un lieu d'éducation à la prise de conscience de l'être humain et à la conscience religieuse. Ce qui correspond parfaitement à la vision biblique rapportée par le livre des Chroniques (2 Ch 34, 12), et qui fonde la théologie du « Djouman » : travailler consciencieusement à sa tâche. De tout l'Ancien Testament, c'est le texte qui parle le plus clairement de la conscience dans le travail, dans le sens de sa compréhension pour le « vivre » de tout son cœur. Le « Djouman » voudrait contribuer à la recherche d'une telle théologie qui serait « pratique ». Cette théologie engagerait le chrétien à être un maillon essentiel dans le rétablissement de l'ordre sociopolitique et économique endommagé par le système actuel. Ce qui nécessite à la fois une force éthique et morale, une conscience droite et une réelle implication concrète du chrétien dans l'organisation de la société nationale.

a- Position éthique et morale : oser l'objection de conscience

Après la seconde Guerre mondiale (1939-1945), le Procès de Nuremberg (1945-1947) a condamné des personnes (des médecins en particulier) accusées d'avoir obéi à des lois et à des ordres injustes. Toutes ces personnes furent condamnées pour n'avoir pas pratiqué l'objection de conscience. L'argument étant que « dans tout cœur d'homme brillent, ne fut-ce que de façon tenue, la lumière de la vérité et le sens de la responsabilité personnelle »[99].

La lumière de la vérité doit pouvoir briller en tout citoyen. Toute personne de bonne foi, voulant « être droit » dans sa conscience, tout chrétien ayant appris la volonté d'obéir par amour jusqu'au bout, – à la manière de son Seigneur et Maître, Jésus-Christ (Phil 2, 6-11) – , tout croyant voulant être disciple du Juste, suit l'exemple des Apôtres du Christ, affirmant devant la Cour qui avait condamné et mis à mort leur maître, « Mieux vaut obéir à Dieu qu'aux hommes » (Act 5, 29). Obéir à Dieu, c'est écouter la voix droite de la conscience présente en tout homme : c'est l'objection de conscience mise en valeur.

L'histoire nous apprend que le monde a besoin de « fous » pour renouveler ou faire avancer quelque chose dans la vie des hommes : « Qui ne tente rien, n'a rien » !

Accusé d'impiété, Socrate met au-dessus des lois de la Cité l'obéissance à la voix intérieure de la conscience personnelle, qui le guidait dans la connaissance du vrai et du bien. Le commentaire du Lexique de M. SCHOOYANS vaut ici la peine d'être cité. Suite à sa réaction, les accusateurs et les juges de Socrate « avaient perçu que le respect, fut-ce par un

---

99 Michel SCHOOYANS, « Objection de conscience en politique », in *Lexique des termes ambigus et controversés*, Paris, Téqui éditeur, 2005, p. 839.

seul du vrai et du bien, était porteur d'un potentiel de contestation dont à terme, les lois iniques de la Cité pourraient faire les frais »[100].

De même, la tragédie d'Antigone fait écho à notre conscience personnelle devant des choix de responsabilité[101]. Car « l'évolution des législations, et leur efficacité, conduisent à la constatation que l'objection de conscience concerne aussi et inévitablement les hommes politiques, les parlementaires, les législateurs »[102]. Pour ceux-ci, comme pour tout chrétien, l'obligation devient un devoir moral ; ne pas la pratiquer devient une omission grave, une entorse à la compréhension du travail. Les pays africains doivent le savoir et le tenir pour vrai : l'objection de conscience, au nom du sens et de la vie du travail, doit apparaître non comme une option héroïque, mais comme le devoir de tout homme politique chrétien, de tout disciple du Christ Jésus de Nazareth et de tout citoyen. Les

---

[100] *Ibidem*, p. 839.

[101] Antigone refuse d'obéir à l'édit de Créon et, au nom des lois non-écrites, elle donne à son frère Polynice, une sépulture digne. « Très tôt donc est affirmé au prix du sacrifice de la vie, que la conscience personnelle est fondée à obéir à une loi positive, chaque fois que de valeurs supérieures sont en jeu. Très tôt est affirmé qu'il n'y a pas nécessairement harmonie parfaite entre les lois humaines et la morale, entre la légalité et la justice. Très tôt sont affirmés la responsabilité personnelle inaliénable, ainsi que le droit et le devoir de la conscience personnelle face au vrai, au juste et au bien. Très tôt apparaît l'idée que les lois non écrites obligent les citoyens mais aussi les magistrats qui dirigent la Cité ». (Michel Schooyans, Objection de conscience en politique, in *Lexique des termes ambigus et controversés*, Paris, Téqui éditeur, 2005, p. 839).

[102] Michel SCHOOYANS, *op. cit.*, p. 840.

parlementaires chrétiens ne peuvent pas accepter de s'asservir volontairement en se prêtant à des mandats impératifs, en consentant aux instructions injustes de leur parti ou aux exigences de leurs sponsors[103].

La théorie de la « théologie pratique » pour comprendre et vivre le travail ne consiste pas seulement dans la « pratique droite », mais aussi dans le fait de savoir interpréter l'objet du travail. Savoir lire et comprendre l'ordre reçu, savoir l'interpréter et l'exécuter à la lumière de la conscience professionnelle, avec les risques que cela comporte. A ce propos, l'Église conseille la prudence : « Elle clarifie la situation et l'évalue, elle inspire la décision et elle donne l'impulsion à l'action »[104]. Le Compendium continue : « la prudence rend capable des décisions cohérentes, avec réalisme et sens de responsabilité quant aux conséquences de ses actions »[105].

Peut-être ne s'agira-t-il pas nécessairement de la mort physique, mais de la « mort » tout de même. Comprendre et vivre le travail, en politique comme dans tout autre domaine, engage jusqu'au « martyre », c'est-à-dire jusqu'au risque de sa vie. En

---

[103] Cf. *Catéchisme de l'Église Catholique*, n° 1806 ; *Compendium n de la doctrine sociale de l'Église*, n° 548.

[104] *Compendium de la doctrine sociale de l'Église, op. cit.*, n°547. Le premier moment de la prudence est caractérisé par la réflexion et la consultation pour étudier le sujet en se prévalant des avis nécessaires ; le deuxième est le moment d'évaluation de l'analyse et du jugement sur la réalité à la lumière du projet de Dieu ; le troisième moment est celui de la décision et se base sur les phases précédentes qui rendent possible le discernement entre les actions à accomplir.

[105] *Compendium de la doctrine sociale de l'Église, op. cit.*, n° 548.

d'autres termes, il s'agit ici de prendre en considération le mot d'ordre que nous lancent les Juges de Nuremberg. M. Schooyans observe qu'ils ont même été plus loin que ne vont actuellement certains moralistes et beaucoup d'hommes politiques catholiques. En définitive, « c'est une vertu qui exige l'exercice mûr de la pensée et de la responsabilité, dans la connaissance objective de la situation et avec la volonté droite qui conduit à la décision »[106]. Cette observation nous incite à être ce que nous sommes et à l'endroit qu'il faut : il ne s'agit pas de faire des « montages casuistiques », il faut « vivre » ce qu'on est et « être » ce qu'on vit en réalité : c'est la vérité dans la responsabilité que nous abordons maintenant.

b- Engagement politique chrétien dans le contexte africain

Étymologiquement et de manière classique, la démocratie se définit comme le « gouvernement du peuple par et pour le peuple ». Certes, dans un système démocratique, le pouvoir appartient au peuple, mais il n'a jamais été exercé directement par le peuple. Celui-ci délègue son pouvoir à quelques-uns de ses membres qu'il choisit librement pour le représenter et choisir les options de son développement en son nom. Ce sont ces élus et ces représentants du peuple qui exercent le pouvoir politique.

---

[106] *Ibidem*, n° 548. La lecture de sa note est aussi conseillée.

L'élément-clé de tout régime démocratique est la volonté de faire participer le citoyen aux prises de décisions politiques. Cependant il est à noter que la politique est un domaine complexe, difficile. Beaucoup d'hommes, d'un côté, affichent une indifférence presque totale à l'engagement politique. Ils y voient le domaine du mensonge, de l'hypocrisie, de la ruse, des « coups bas » et n'osent pas s'y aventurer. Ils aiment les « choses propres » ; aussi regardent-ils la politique comme une « arène boueuse » dans laquelle ils refusent de descendre. Ainsi, ils ne se salissent pas les mains. D'un autre côté, les chrétiens, face à la politique, ont une position mitigée, une position de « fuite en avant ». Agir de la sorte n'est certainement pas digne du chrétien qui est « guetteur » et « éveilleur d'esprit ». Le Pape Paul VI souhaite vivement l'intégration du chrétien dans la vie politique. Car c'est « une expression qualifiée et exigeante de l'engagement chrétien au service des autres »[107].

La fonction politique est une carrière noble et « l'Église tient en grande considération et estime l'activité de tous ceux qui se consacrent au bien de la chose publique et en assument les charges pour le service de tous » (G .S. 75 § 1). C'est pourquoi les citoyens devraient l'embrasser sans hésitation, s'ils se sentent capables de conduire le pays sur le chemin du développement, dans l'honnêteté, la justice et la paix. Car, dit le Compendium :

---

[107] PAUL VI, *Octogesima Adveniens*, n° 46.

> « Tous les croyants, en tant que titulaires des droits et des devoirs de la citoyenneté, sont tenus de respecter ces orientations ; ceux qui ont des tâches directes et institutionnelles dans la gestion des problématiques complexes de la chose publique, aussi bien dans les administrations locales que dans les institutions nationales et internationales, devront spécialement en tenir compte. »[108]

L'Afrique a besoin de dirigeants politiques qui soient des rassembleurs d'hommes, voués au service de leurs frères. « Le droit et la volonté du plus fort » doivent être bannis dans nos États de droit. L'éthique de la responsabilité des seigneurs et des rois avant la colonisation n'est pas celle des élus à l'heure de la démocratie. En leur temps, les seigneurs estimaient n'avoir à répondre de leurs actes que devant eux-mêmes, et leurs volontés avaient force de loi. En lieu et place de l'éthique, dite de responsabilité, des puissants de ce monde, le dirigeant chrétien doit être habité par une éthique de conviction. C'est celle des saints et héros qui règlent leur conduite sur des valeurs supérieures, philosophiques ou religieuses : c'est l'éthique des objecteurs de conscience, des héros et des martyrs. Tout citoyen africain, habité par la volonté de sortir sa commune, sa région, son pays de l'ornière du sous-développement, doit réellement rassembler et mobiliser ses énergies afin d'œuvrer en vue du progrès. Sollicité par la population, un tel homme peut et doit se jeter dans l'arène politique tenant la main du seul Juste, Jésus-Christ.

---

[108] *Compendium de la doctrine sociale de l'Église, op. cit.*, n° 565.

Face aux situations complexes de la société, le chrétien ne doit pas se ranger automatiquement du côté de la majorité sans réflexion préalable. Son attitude comme son action doivent refléter une maturité d'esprit qui n'intervient pas au hasard. Il doit lutter pour la justice et la paix. A la suite du Christ et à son exemple, les chrétiens doivent s'impliquer totalement et de manière « ouverte », critique et prophétique, dans la construction quotidienne de la société africaine. L'activité humaine sous toutes ses formes prend place dans la perspective de la réussite finale de la vie, la victoire sur tout ce qui relève du mal. Toute activité s'opposant à cette finalité est destructrice. La position chrétienne consiste à regarder le travail individuel à partir de cette finalité et à engager une lutte contre tout ce qui s'y oppose : la maladie, la famine, l'échec, la pauvreté, l'impuissance... la mort.

Selon le « Djouman » chez les Agny de Côte d'Ivoire, le travail humain vise à améliorer l'environnement de l'homme. Le chrétien est invité à prendre une part active à cette lutte. Car :

> « Vivre et agir en politique conformément à sa conscience ne revient pas à se plier à des positions étrangères à l'engagement politique ou à une forme de confessionnalisme ; mais c'est l'expression par laquelle les chrétiens apportent une contribution cohérente pour que, à travers la

politique, s'instaure un ordre social plus juste et conforme à la dignité de la personne humaine. »[109]

L'invitation du Compendium de la doctrine sociale de l'Église à l'engagement encourage le chrétien à s'impliquer dans les divers domaines du développement : politique, social, économique et culturel, etc.

c- S'impliquer dans le processus de développement économique et social

La pauvreté est un état qui empêche un individu ou un groupe d'individus de vivre selon la normalité des besoins vitaux de la société. Ainsi la pauvreté ne désigne pas seulement le manque de biens matériels, mais aussi les déficiences physiques, intellectuelles et psychiques, spirituelles. La pauvreté prend en compte l'oppression, l'empêchement de réaliser ses propres possibilités, l'incapacité de déterminer soi-même sa manière de vivre ou d'échapper par ses propres forces à une situation inconfortable. Pour les pays africains, l'élément le plus frappant est l'aspect physique de la pauvreté. La faim, la maladie, le manque de ressources financières et de pouvoir d'achat, l'analphabétisme, etc., représentent un défi et ne peuvent manquer

---

[109] *Compendium de la doctrine sociale de l'Église, op. cit.*, n°566. Le *Compendium* cite la « Congrégation pour la Doctrine de la Foi », *Note doctrinale concernant certaines questions sur l'engagement et le comportement des catholiques dans la vie politique* (20 novembre 2002), 6, Cité du Vatican, Libreria Editrice Vaticana, 2002, p. 14.

d'attirer le chrétien dans la lutte pour le développement.

Le Christ n'a pas seulement enseigné de tendre sans cesse vers le Père des Cieux, il a aussi compassion des foules et il nous demande de partager cette compassion. « Tout ce que vous avez fait au plus petit d'entre mes frères, c'est à moi que vous l'avez fait » (Mt 25, 40). Le commandement de l'amour se manifeste dans la maîtrise, la protection et dans l'organisation de la société entière selon la justice et le service de tous les hommes. Le chrétien doit se consacrer sans réserve au service de l'humanité : dans son agir, on doit retrouver la justice, la lutte contre le mal et un appel à l'espérance. On constate malheureusement en Côte d'Ivoire que tout ce qui est à la portée des personnes à économie faible pour se réaliser est concurrencé et arraché par les plus nantis de la société. Par le « Djouman », l'Église engage le chrétien à être « visible » au quotidien de la vie, luttant défendant la cause de ceux qui que cela pour se maintenir à la vie.

*- Participation à l'activité économique

Participer à l'économie collective de l'humanité est la tâche de chaque citoyen du monde. Elle consiste à contribuer à la vie humaine, pas seulement à exécuter des heures en emploi rémunéré[110]. Les

---

[110] La forme de l'activité dépend de sa fonction face à l'ensemble des besoins de la vie. Certaines activités sont reconnues et rémunérées, d'autres sont reconnues sans être rémunérées, d'autres sont

propos d'un curé s'adressant à ses catéchistes, déçus du prix du cacao et du café, au début des campagnes agricoles, résonnent encore dans le cœur. 1993, année de la mort du premier président ivoirien, est une année mémorable pour les Ivoiriens. Les chrétiens y voyaient un malheur, une punition du Seigneur. Des « faux prophètes » annonçaient déjà la fin du monde. Dans de telles situations, toutes les interprétations semblent concordantes, et la foi au « dieu matériel » s'effondre. Le Père Paul-Émile Kouassi n'avait pas hésité à renouveler la foi des plus faibles en ces termes :

> « La part active de l'existence des humains n'est qu'un élément de leur vie, dépendant de ce qu'ils trouvent et reçoivent, de ce qui leur est donné : la part passive de leur existence. La qualité de cette activité humaine est une recherche et une conquête jamais achevée. L'individu est donc appelé à la prudence et à la modestie sur ses chances de contribuer à la vie, mais sans désespérer. Des diverses activités qu'il souhaite exercer et de la qualité de travail dont il rêve, une partie sera possible. L'espérance lui indiquera la voie de certaines améliorations pratiques de son activité. »[111]

Des hommes et des femmes, possédant des compétences professionnelles, ont la possibilité inouïe

---

nécessaires sans être reconnues ni respectées, d'autres encore sont demandées sans être effectuées faute de moyens.

[111] Paul-Émile KOUASSI, ancien professeur de théologie au Grand Séminaire interdiocésain d'Anyama (Abidjan). En 1993 il était curé à la cathédrale d'Abengourou où nous exercions comme vicaire.

de vivre leur foi là où ils exercent leur activité. Leur expérience professionnelle leur permet de mettre les talents et dons reçus au service de Dieu, dans des endroits où les hommes et les femmes n'ont guère l'occasion d'expérimenter son amour[112]. Que ce soit dans le secteur de l'Administration, de la santé, de l'enseignement ou de l'agriculture, le chrétien peut démontrer concrètement par sa présence et son cœur, l'amour de Dieu.

C'est pourquoi les travailleurs chrétiens doivent faire tache d'huile dans leur service, avec d'autres, et former une véritable communauté de chrétiens. En tant que communauté de chrétiens, leur spiritualité les engage à offrir un service intégral. La Doctrine sociale de l'Église donne ici de plus amples précisions :

> « L'engagement du chrétien se traduira aussi par un effort de réflexion culturelle tendant surtout à un effort de discernement sur les modèles actuels de développement économique et social. Réduire la question du développement à un problème exclusivement technique équivaudrait à le vider de son véritable contenu, qui concerne, en revanche, la dignité de l'homme et des peuples. »[113]

Dans l'existence individuelle, la théologie du travail doit inspirer une éthique de l'équilibre des diverses activités : production, entretien, relations, éducation, démocratie, entraide, organisation, etc.

---

[112] Cf. CONCILE VATICAN II, « Apostolicam Actuositatem », *chapitre I du Décret sur la vocation des laïcs à l'apostolat.*
[113] *Compendium de la doctrine sociale de l'Église, op. cit.,* Paris, Cerf, 2005, n° 563.

L'emploi rémunéré en situation de dépendance et de contrainte ne doit être qu'une partie de l'existence à côté d'autres. Il doit être partagé, de même que le travail domestique d'entretien et d'éducation, le travail social d'entraide et d'organisation, le travail politique de participation démocratique. Cette spiritualité doit éclairer toute l'existence. Elle touche tout secteur relevant de la vie professionnelle. C'est pourquoi l'Église exhorte les économistes :

> « Les spécialistes de la science économique, les agents de ce secteur et les responsables politiques doivent ressentir l'urgence de repenser l'économie, en considérant, d'une part, la pauvreté matérielle dramatique de milliards de personnes et, d'autre part, le fait que les structures économiques, sociales et culturelles d'aujourd'hui ont du mal à prendre en compte les exigences d'un développement authentique (…) Les associations qui agissent dans le domaine économique se révèlent précieuses : associations de travailleurs, d'entrepreneurs et d'économistes. »[114]

Ainsi, « sel de la terre » et « lumière du monde », les chrétiens qui sont des « envoyés » (apôtres), sont tenus de répondre aux besoins matériels comme aux besoins spirituels.

---

[114] *Ibidem,* n° 564.

*- Témoigner de la foi au quotidien par son travail

Témoigner de sa foi au quotidien, par un travail de qualité, exercé avec intégrité est aujourd'hui le but proposé par l'Église. En Afrique, et même dans le monde, bien que la crise économique conduise bien des personnes à êtres privées d'emploi, la vision évangélique de l'existence humaine ne devrait pas se réduire à l'activité rémunérée. Celui qui garde ou retrouve un emploi ne reçoit pas, dans ce statut social, son unique chance de contribuer à la vie ou de participer au Royaume de Dieu. Sans inciter personne à une vie de passivité, de paresse et de lâcheté, il faut considérer que la vie de Dieu est un Don qui est offert à tous avant même que quiconque commence à travailler et surtout avant qu'il reçoive une place rémunérée.

Ni les structures économiques, ni les formes pratiques, ni les conditions sociales ne sont suffisamment belles et bonnes pour que l'on puisse donner sens ou valeur métaphysique aux possibilités de travail qui s'offrent aux hommes. Le travail réel est lieu d'échecs et de conflits autant que de succès et de coopération. Le travail comme contribution à la vie est la réponse de l'individu à ce que la vie – nature, société, histoire – lui a d'abord offert. Les expressions fortes et positives de l'éthique chrétienne ne doivent pas être galvaudées par une idéalisation excessive du travail professionnel. La théologie chrétienne voit « l'œuvre » humaine comme « réponse à la Grâce », et non l'inverse, et elle voit la grâce de Dieu comme don généreux, même là où les conditions réelles disent le contraire. Le chant qu'exécute l'Agny pendant la récolte l'exprime bien :

« *Man whouaman*   Je ne l'ai pas volé

Man nvahiassé   Je ne l'ai pas ramassé

Nyamien yiéo manimin »   C'est Dieu qui me l'a donné

Cette « théologie actuelle », présente dans toutes les cultures, rejoint la théologie chrétienne et éclaire la situation des personnes à partir de la vie qu'elles reçoivent, même à travers la mort. L'homme doit pouvoir se convaincre à l'engagement d'un « à-venir » prometteur. Cela passe par l'acquisition d'autres capacités, c'est-à-dire la formation.

*- Encourager et offrir une formation

Les relations créées par l'exercice du travail, les conditions de son organisation sociale représentent le vécu réel des personnes actives. Dans leur existence, elles ne vivent pas directement le contexte économique général de l'histoire humaine, et pas non plus purement leur part idéale d'engagement, leur volonté de contribuer à la vie. Elles vivent cet engagement, certes, mais dans un ensemble de conditions extérieures et de relations sociales qui caractérisent l'état actuel de l'histoire humaine, avec ses échecs et ses impasses.

Or, le « Djouman » voudrait en quelque sorte faire un tout de la personne avec son travail. Sans formation, un tel engagement est à la limite de l'impossible. Nous partageons l'avis de J. Maria Escrívá de BALAGUER quand il dit :

> « Il ne suffit pas de désirer travailler au bien commun [...] Pour que ce désir soit efficace, il faudra former des hommes et des femmes capables d'acquérir une bonne préparation et capables, ensuite, de faire participer les autres aux fruits de cette plénitude à laquelle ils sont arrivés. »[115]

Cette formation doit viser l'esprit de service de tous, mais particulièrement des jeunes générations montantes : service de la société, promotion du bien commun grâce à leur travail professionnel et à leur action civique. Les Ivoiriens et les Africains doivent être « responsables » ; ils doivent manifester une saine inquiétude pour les problèmes d'autrui et avoir un esprit généreux qui les pousse à affronter ces problèmes et à tâcher de leur trouver la meilleure solution possible. Offrir tout cela aux Africains, telle est la tâche de l'Église en Afrique. Comme l'Église, l'État ivoirien doit s'Intéresser et travailler à la paix, à la justice sociale, à la liberté de tous. Mais quand un seul droit au concours coûte plus de deux à trois ans d'un salarier modeste, l'État oublie-t-il que les enfants des plus indigents ont aussi le même droit que ceux des riches de cette même nation ? Les leaders chrétiens doivent se réveiller à cet effet.

---

[115] J. Maria Escrívá de BALAGUER, in *Entretiens avec Mgr Escrívá*, Paris, Le Laurier, 1987, p. 135.

Car, nous le comprenons, la justice est essentielle au développement. C'est l'élément de la promotion politique, économique et sociale de l'homme que le chrétien doit le plus mettre en évidence. L'exigence de la justice donne au développement sa dimension spirituelle. Se convertir à la justice de Dieu implique une conversion à la justice sociale. La justice ne peut coexister avec l'injustice qui est un enracinement du mal dans le cœur de l'homme. Le chrétien doit avoir dans la visée du développement des principes de vérité, de justice, d'amour et de liberté. Il doit participer au développement avec toutes ses valeurs tout en luttant contre les superstructures aliénantes et mensongères. La foi en Jésus-Christ doit faire face à la montée d'une élite qui a pris le parti de penser à se servir au lieu de servir la Côte d'Ivoire. La foi doit pousser le chrétien à lutter pour mettre fin au processus dangereux d'anesthésie des consciences qui favorise la naissance et la croissance de nations muselées.

Notre réflexion théologique sur la spiritualité du travail doit donc commencer par retrouver la finalité de l'économie pour la vie de tous, comme prospérité partagée. Il n'est pas vrai – quoiqu'on l'espère – que l'économie soit déjà par nature « au service de l'humain ». Elle vit de lois contraires. L'économie ne partage pas ; un partage y est possible comme une grâce. L'organisation du partage est affaire de décisions, d'autorité, de structures, de lois. Ceux qui sont réellement dans le besoin se voient toujours écartés, ne remplissant pas, soi-disant, des critères établis. Le cantique chrétien nous le rappelle bien cependant : « Il y a un seul pain, et nous sommes tous un seul corps, car nous avons tous part à un seul pain » ; et Jésus de le signifier clairement avec la parabole du jugement dernier (cf. Mt 25, 31-46). Le Concile ajoute une précision quand il affirme :

> « Les joies et les espoirs, les tristesses les angoisses des hommes de ce temps des pauvres surtout et de tous ceux qui souffrent, sont aussi les joies et les espoirs, les tristesses et les angoisses des disciples du Christ, et il n'est rien de vraiment humain qui ne trouve écho dans leur cœur » (G.S. n° 1).

L'accès aux ressources ne devient possible que si un droit aux ressources est apporté et assuré à ceux qui n'en disposent pas, même au détriment de ceux qui en disposent et qui résistent au partage. Il n'y a cependant ni miracle promis, ni maîtrise assurée : ce droit sera toujours à refaire, à rétablir et reformuler, à partir de l'accueil du partage comme grâce. On sait comment l'auteur du Psaume 127 se moquait du travail acharné manquant son but :

> « Si le Seigneur ne bâtit la maison, ses bâtisseurs travaillent pour rien. Si le Seigneur ne garde la ville, ses sentinelles veillent pour rien. Rien ne sert de vous lever tôt, de retarder votre repos, de manger un pain pétri de peines A son ami qui dort, il donnera tout autant » (Ps 127).

La « théologie pratique » du travail inspire donc une éthique de la répartition des ressources, de leur gestion et de leur investissement, de leur multiplication et de leur utilisation[116]. Dans toute activité économique, on procède à des calculs concernant cette répartition, mais on inclut ou exclut de ces calculs certains éléments et certains critères, selon les exigences internes ou externes, selon les pressions subies ou les priorités choisies. Pour que la répartition réponde à la fois à l'efficience et à la justice, il faut avoir pour critère l'approvisionnement de tous en même temps que la prospérité générale.

L'Ivoirien voulant vivre sa foi chrétienne doit exercer sa profession et ses compétences sociales avec intégrité et joie : cela représente une implication personnelle animée par une foi vivante, intègre et convaincante qui va au-delà de la simple participation au développement de son pays. Saint Matthieu le décrit ainsi : « C'est ainsi que votre lumière doit briller devant les hommes, afin qu'ils voient le bien que vous faites et qu'ils louent votre Père qui est dans les cieux » (Mt 5, 16).

Il faut être réaliste : cela ne va pas sans affronter les caricatures et les « étiquettes » taillées à cet effet pour ridiculiser ou décourager le chrétien. Dom H. Camara disait :

> « Tant que nous soutenions les gouvernants et les puissants, personne ne nous accusait de faire de la politique, aujourd'hui, quand nous estimons en conscience devoir dénoncer les injustices et

---

[116] Cf. *Compendium de la doctrine sociale de l'Église*, Paris, éd. du Cerf, 2005, n° 528-533.

encourager la promotion humaine des masses qu'on maintient dans un état inhumain, on nous accuse non seulement de nous mêler de politique, mais aussi d'être des agitateurs, des subversifs, des communistes. »[117]

La Côte d'Ivoire et le continent noir africain ont besoin d'une théologie de travail portée par une spiritualité qui les engage au développement. Une telle spiritualité doit être fondée sur la base de la vérité. La vérité en Afrique étant un « risque », le chrétien doit s'y préparer. Car pour sauver l'Afrique, tous les facteurs de la vie humaine doivent être pris en compte un par un et dans leur ensemble.

---

[117] Don Helder CAMARA cité par H. SALEM, in *A Igrèja dos opprimions*, San Paulo, Éd. Brasil Debates 1980, p 107. Mais l'Église doit-elle renoncer à son rôle prophétique ? En Côte d'Ivoire dès la fin des années 1980, les déclarations de la conférence épiscopale sont de plus en plus courageuses et s'inscrivent dans la dénonciation prophétique. Souvent l'Église parle beaucoup et dénonce aussi, mais son engagement au plan concret reste modeste. On constate dans l'Église que les pauvres occupent la périphérie, comme dans la société. A ce sujet la conversion que l'Évangile requiert ne consiste pas seulement à se soucier prioritairement du phénomène de la pauvreté et à promouvoir la justice. Elle doit conduire à faire aux pauvres une place, et une place première, au sein même de l'Église. Cela passe par une option pastorale.

Conclusion :

Certains aspects psychologiques et subjectifs du problème du travail en Afrique noire n'ont pas été abordés dans cette étude[118]. Mais les aspects objectifs et sociopolitiques nous semblent avoir été utilement analysés et éclairés, et d'ailleurs, n'est-il pas sage de savoir se limiter ? Nous conclurons donc :

Toute culture est ambivalente. Elle promeut la vie à un endroit et la détruit ailleurs tout à la fois. Elle donne ses chances à certains, mais pas à tous. Elle ruse pour se faire passer pour « divine », créée par Dieu, faisant partie de l'héritage intouchable. Elle développe des mensonges (version glorifiante des faits, par exemple la publicité), des secrets, des masques pour cacher la faiblesse de ses rouages essentiels et de son pouvoir. Elle n'est donc pas au service de la vie pour tous, ni de la même façon pour tous.

Cependant des éléments de la culture, pris un à un pour être enrichis au contact d'autres formes culturelles, peuvent recevoir un autre regard. Le « Djouman » permettait déjà à l'Agny d'avoir un regard sur la culture du travail

---

[118] Par exemple, la révolte intérieure impulsive, le suivisme, etc.

traditionnel local. Le « Djouman » doit être mis à profit pour une nouvelle élaboration théologique et spirituelle du travail en Afrique en vue de son authentique développement. Car si la production, les moyens pour assurer ce développement, et même les forces vives du pays, sont détournées à d'autres fins, si le sous-sol (encore riche heureusement) et le peu de production sont bradés, si pour avoir un marché public il faut donner gratuitement et sans raison une équivalence de 30% de la valeur du coût, etc., il lui est impossible d'avancer. Sa méthode de travail doit donc être révisée.

L'espérance d'un monde meilleur passant par la révision de la mentalité collective et individuelle du travail et du bien commun, l'Afrique doit se convaincre que le temps du « travail (pour) des Blancs » (*Blofoué Djouman*) est révolu, que le temps où elle jouait le jeu pour tromper le patron est dépassé. Une révision de la mentalité africaine tant au niveau politique, économique, social, culturel que religieux est utile pour son développement. Le « Djouman » peut permettre de corriger les erreurs culturelles aussi bien dans les mœurs que dans la gestion politique, économique et sociale. Il ressuscitera alors les valeurs culturelles de l'initiation et de l'éducation en vue de l'homme intégral. Pour y arriver, il n'y a qu'un socle sur lequel reposent tous les possibles : c'est que l'Afrique retrouve son âme.

Il faut retourner à la source, « déterrer » la culture africaine du travail et se la ré-inculquer. Le travail ne dénature pas la nature réelle de l'homme mais la renforce. Il rend l'homme plus proche de celui dont il est l'image : le Créateur. En Dieu, tout bien est un bien public, puisque tout converge en lui, centre de l'univers créé. Administrer un bien n'est autre que gérer un patrimoine que Dieu confie à chaque être humain. Cette gérance nécessite une conscience professionnelle. L'État ne s'en préoccupera que si les hommes en divers milieux en font une revendication politique soutenue, mue par un désir de libération de tout l'homme. A cet effet, la culture et la pratique consciente du « Djouman » ne seront-elles pas un modèle fiable pour le travail en Côte d'Ivoire, voire l'Afrique noire ?

Bibliographie

- « CONGREGATION POUR LA DOCTRINE DE LA FOI », *Note doctrinale concernant certaines questions sur l'engagement et le comportement des catholiques dans la vie politique* (20 novembre 2002), 6, Cité du Vatican, Libreria Editrice Vaticana, 2002

- BALAGUER (Escrívá de), J. Maria, in *Entretiens avec Mgr Escrívá*, Paris, Le Laurier, 1987

- DOCUMENTATION CATHOLIQUE, 1264 (10 nov. 1975)
- La BIBLE DE JERUSALEM, Nouvelle Edition, Paris, éd. du Cerf, 1986

- *Le* CATÉCHISME DE L'ÉGLISE CATHOLIQUE, MAME-LIBRAIRIE ÉDITRICE VATICANE, Paris, 1992

- Le COMPENDIUM DE LA DOCTRINE SOCIALE DE L'ÉGLISE, Paris, Cerf, 2005

- Le CONCILE VATICAN II, « Apostolicam Actuositatem », *Décret sur la vocation des laïcs à l'apostolat.*

- LEON XIII, *Rerum Novarum*, Lettre encyclique sur la condition ouvrière, 15 mai 1891

- PAUL VI, O*ctogesima Adveniens*, Lettre appostolique au Cardinal Maurice Roy pour le 80è anniversaire de Rerum Novarum, Paris, Editions Ouvrières, 1971

- COLLECTIF, *Le Livre noir du colonialisme*, sous la direction de Marc FERRO, Paris, Éd. Robert Laffont, 2003.

- COLLECTIF, *Justice chrétienne et promotion humaine*. Acte de la treizième semaine théologique de Kinshasa (23 au 28 juillet 1979), Kinshasa, Faculté de Théologie Catholique, 1981, 128 p.

- COLLECTIF, *Travailler autrement, Travail, Chômage, Solidarité*, Des chrétiens s'expriment. Préface de Mgr Albert Rouet, Paris,Bayard, 1997, 170 p.

- COLLECTIF, *L'Afrique des idées reçues*, sous la direction de Géorges Courade, Paris, Belin, 2006, 400 p.

- COLLOQUE, *Spiritualité et libération en Afrique*, Rencontre panafricaine de l'Association œcuménique des théologiens du Tiers-monde, Le Caire, 24 au 28 août 1985, sous la direction de Engelbert Mveng, Paris, L'Harmattan, 1985,

- COLLOQUE, *Église et développement économique et social* : Acte du Colloque du centenaire de l'Église de Côte d'Ivoire, 24-25 juin 1995, Abidjan, éd. Église Catholique de Côte d'Ivoire, 1995

- DIAKITÉ, Tidiane, *L'Afrique malade d'elle-même*, Paris, Karthala, 1996, p.162

- DIOP, Boubacar Boris, et *al.*, *Négrophobie, Pourquoi l'Afrique meurt*, Paris, éd. les Arênes, 2005.

- DJEMA, Aloho Éwala, *Tradition, Spiritualité et Développement*, Kinshasa, FCK, 1993

- DUMONT, René, *L'Afrique noire est mal partie*, Paris, Éd. du Seuil, 1962

- ÉLA, Jean-Marc, *Le Cri de l'homme africain*, l'Harmattan, Paris, 1980, 165 p.

- JEAN-PAUL II, « L'Homme vaut plus pour ce qu'il est que pour ce qu'il a », in *Documentation Catholique*, n° 2226 du 21 mai 2000, p. 454-455.

- JEAN-PAUL II, « Saint Joseph, homme de Dieu, travailleur, homme de paix », in Documentation Catholique, n°2290 du 20 avril 2003, p. 401.

- VINCENT, Thierry, « Emploi : le défi de la qualité », in *Jeune Afrique*, n° 1741, 1994 /05/ 25, p. 45-46.

- KELLY, M.G., « L'Emploi et l'idée de travail dans la nouvelle économie mondiale », in *Revue internationale du travail*, vol. 139, n1, 2000, p. 5-36.

- GRAY, Cheryl, W. ; KAUFMANN, Daniel, « Corruption et développement », in *Finance et Développement*, vol. 35, n°1, mars 1998, p.7-10

Table des matières